经济发展与金融管理研究

刘　垚　安丽花◎著

吉林人民出版社

图书在版编目（CIP）数据

经济发展与金融管理研究 / 刘垚，安丽花著.
长春 : 吉林人民出版社，2024.5. -- ISBN 978-7-206
-21122-5

Ⅰ.F061.3；F830.2
中国国家版本馆CIP数据核字第2024DZ7781号

经济发展与金融管理研究

JINGJI FAZHANYU JINRONG FUANLI YANJIU

著　者：刘　垚　安丽花
责任编辑：孙　一　　　　　　　　　　封面设计：牧野春晖
出版发行：吉林人民出版社（长春市人民大街 7548 号　邮政编码：130022）
印　　刷：长春市华远印务有限公司
开　　本：710mm × 1000mm　　　　1/16
印　　张：11.5　　　　　　　　　　字　　数：225 千字
标准书号：ISBN 978-7-206-21122-5
版　　次：2024 年 5 月第 1 版　　　　印　　次：2024 年 5 月第 1 次印刷
定　　价：79.00 元

经济全球化的快速发展，特别是在我国，不仅极大地促进了国民经济的增长，而且推动了经济结构和社会结构的现代化转型。这种转型不仅体现在经济规模的扩大上，更重要的是经济和社会生活质量的提升。经济发展理论提供了一个研究框架，专注于分析经济增长背后的结构变化和现代化进程，尤其关注发展中国家的经济演进。

随着经济和社会的发展，科学的管理方法变得尤为关键。这些方法能够有效地优化社会结构，提高经济效率和生活质量。在此过程中，劳动关系的管理和调整显得尤为重要。劳动力是社会结构的基石，合理调整劳动因素，采用先进的管理模式，可以极大地提高经济效益。因此，现代化的经济管理是实现社会整体经济效益提升的关键。

社会劳动的有效管理涉及多方面因素，包括但不限于合理分配劳动资源、改善劳动条件、提高劳动效率和保障劳动者权益。实施先进的管理模式，如人力资源管理、生产管理和供应链管理等，可以帮助企业和整个社会实现这些目标。

此外，随着科技的进步和信息技术的发展，新的管理工具和方法不断涌现，如大数据分析、云计算和人工智能等，这些技术提供了前所未有的机会来优化经济管理和提高效率。通过有效利用这些技术，可以更好地预测市场趋势，优化资源配置，提高生产力，从而推动经济和社会的进一步发展。

鉴于此，笔者撰写了《经济发展与金融管理研究》一书。本书内容翔实，通俗易懂，理论结构合理，既有现代经济的相关知识，又有金融管理的相关内容。全书在经济与金融管理的基础上，通过全面的解读和理论的视角，对现代经济发展理论与金融管理进行了全面探索。

刘垚　安丽花
2024 年 5 月

目 录

CONTENTS

第一章 现代经济发展的相关因素

第一节 现代经济发展的本质与规律

一、现代经济发展的本质

从全球经济场的角度来看待人类社会经济的发展，有助于对经济发展的全新认识。立足于全球经济场，沿着人类历史的进程，很容易发现，近代人类社会经济的发展过程实质上就是工业化、城市化的过程。随着 20 世纪七八十年代以来技术的大发展，加速了现代化过程，人类社会的进步已经成为工业化、城市化和现代化的发展过程。目前，中国和一些发展中国家正是处在三者的叠加发展过程中。相应地，人类社会的各种政治制度、经济制度、经济体制及其经济机制都只不过是这个过程中不同的实现方式而已。如果同意这一观点，现代发展经济学的研究目的就变得更加明了，现代发展经济学就是要揭示在其过程中，生产要素、经济要素及经济结构等在不同时期、不同阶段、不同制度作用下对经济增长、经济发展的作用及规律。

（一）经济增长与经济发展的区别

为了有助于深刻了解现代经济发展的本质，我们先来了解经济增长与经济发展这两个基本概念。

经济增长是经济学家经常讨论的一个重要概念，更广泛地来看，它指的是在一定时间内，一个经济体系能够扩大生产内部成员所需商品与劳务的潜在生产力，即生产可能曲线向外扩张的过程。而生产力的增长取决于多种因素，包括自然资源禀赋、资本数量和质量、人力资本积累、技术水平及制度环境的改善等。因此，经济增长涉及许多因素的扩展与改善。

经济发展是指一个国家或地区走向经济和社会生活现代化的过程。经济发展不仅仅意味着国民经济规模的扩大，更意味着经济和社会生活质量的提高。它不仅涉及物质增长，还涉及社会和经济制度、文化的升级演变，是一个长期、动态的进化过程。

一般来说，经济发展包括以下三个方面的含义：

（1）经济量的增长：这意味着一个国家或地区产品和劳务的增加，构成了经济发展的物质基础。经济量的增长是经济发展的基本表现，反映了一个国家或地区经济的活力和潜力。

（2）经济结构的改进和优化：这包括技术结构、产业结构、收入分配结构、消费结构，以及人口结构等经济结构的变化。经济结构的改进和优化是经济发展的重要内容，它反映了一个国家或地区经济发展的质量和效益。

（3）经济质量的改善和提高：这涉及经济效益的提高、经济稳定程度的增强、卫生健康状况的改善、自然环境和生态平衡的维护，以及政治、文化和人的现代化进程等方面。经济质量的改善和提高是经济发展的终极目标，它直接关系到人民生活水平和社会发展的全面进步。

经济增长或社会财富增长是生产力发展的重要标志之一。经济增长不仅体现在国内生产总值（GDP）的增长上，而且还涉及经济增长速度和质量的统一。从产出方面来看，经济增长表现为社会产品数量的增加和质量的提高。产品数量增加且质量不变属于经济数量绝对增长；产品数量不变且质量提高属于经济数量相对增长。从投入方面来看，经济增长体现为资源消耗的相对减少，这就是经济增长质量或经济效益。如果社会财富产出总量不变而资源消耗总量减少，或者社会财富产出总量增加较多而资源消耗总量增加相对较少，就是经济增长质量提高或经济效益提高。因此，经济增长的确切含义是以最少的资源消耗生产出最多的社会财富。

经济增长与经济发展具有明显的差别。经济增长理论是西方经济学理论体系的重要内容之一。然而，在西方经济学理论体系中，没有对经济增长和经济发展进行明确的区分。经济发展的特殊本质是以"人本位"为核心，旨在实现社会经济主体共同全面发展。而经济增长的特殊本质是以"物本位"为核心，目的在于推动社会财富增长。经济发展和经济增长是在不同的经济理论基础上确立起来的概念。经济发展涵盖了整个国民经济的演进过程，而经济增长仅指社会财富生产的增长，范围相对较小。经济发展与经济增长是整体与部分的关系，经济增长是经济发展的一个组成部分。

作为生产力发展的总量目标，经济增长并不涵盖经济结构优化、经济利益关系协调、社会消费水平发展和分配格局调整等目标，因此不能完全解释经济结构失衡的问题。经济结构目标包括产业结构、区域结构、城乡结构、内外结构等，是经济发展的重要内容。经济发展不仅包括物质产品生产与消费的增长，还包括精神产品生产与消费的增长；不仅包括经济数量的增长，还包括经济效益的提高；不仅包括经济总量的增长，还包括经济结构的优化；不仅包括社会财富生产的增长，还包括社会财富分配的合理化及消费水平的提高；不仅包括经济效益和生态效益的提高，还包括社会效益的提高。

（二）现代经济发展的过程分析

经济发展是在经济增长基础上，一个国家经济与社会结构现代化的演进过程。考察人类社会发展的过程，可以发现，近代人类社会发展的最显著标志就是工业化和城市化的发展，这两个方面的发展推动着人类社会发展的进程。由于技术大发展，加快了各行各业的现代化水平，因此，人类现代社会经济的发展实质就是工业化、城市化、现代化的过程。如果明白了这一点，经济问题就变得简单明了。由此，可以通过社会发展的进程看到这一点。

1．工业化过程

1500 年前后的一系列重大事件，如地理大发现、文艺复兴等，导致西方资本主义的发展，从而引起了遍及全球社会经济的重大变化。特别是地理大发现直接诱发了商业革命，工业化对西欧资本主义起到最有力的催化作用。工业化过程推动了人类社会文明的进程。

西方国家近代经济发展的事实证明，农业的率先发展，换言之农业革命的率先发生，是产业革命得以出现的前提。这是因为从新石器时代人类进入农业文明后，直到 17 世纪产业革命的前夕，农业生产和技术的发展极为缓慢。17 世纪欧洲农业水平同两千年以前（即同罗马时期的农业发展水平）几乎没有区别，许多地方甚至更低。农业无法为非农经济特别是工业经济的长足发展提供劳力和市场。

没有国内农业的率先发展，不可能出现工业长足的发展，也不可能完成产业革命。因为在农业劳动生产率没有大幅度提高的情况下，为了发展工业而转移农业人口，将急剧减少农产品的供应，其结果为：一方面无法保证对工业部门的农产品的供应；另一方面减少农村市场对工业品的购买力，从而将会从供给和需求两方面限制工业的发展。

任何国家不可能通过进口农产品来实现产业革命，因为要做到以国外农产品取代国内农产品，进口国的工业生产率必须大幅度超过农业生产率，使得这一生产率差额足以支付进口农产品所需花费的运输费用，而这一点即使在产业革命开始以后相当长的时间里也无法做到。因为在产业革命的前夕和初期，工业劳动生产率不高，而国际运输费用却因工业和运输水平低下而非常昂贵。

在西方产业革命时期，农业革命的先导和基础作用还突出地表现在提供劳动力、提供市场、提供资金和提供企业家四个方面。

农业革命是人类历史上第一次人口革命的基础，使人口发展从高死亡率、高出生率的传统阶段进入低死亡率、高出生率的近代阶段，从而使人口迅速增长。人口增长一方面增加了劳动力的供给；另一方面扩大了对工业品的需求，从而为工业生产的发展扩大了市场。产业革命初期，由农业革命所造成的对工业品的需求，首先是衣着需求；其次是铁制农具需求，从而为纺织工业和钢铁工业的发展提供了广阔的市场。在西方国家工业化初期，首先是纺织工业；其次是钢铁工业，成为当时最兴旺、发展最快的工业部门，而农村市场乃是其主体市场。由此可见，在工业化的前期，无论轻、重工业均以农村为主要市场。

农业革命为产业革命提供企业家和资金，表现得最明显的是纺织工业。农业革命促使农民向非农产业转移，其最接近的产业便是纺织工业。因为在男耕女织的前工业化社会里，纺织是农家生产的重要组成部分。同时，在产业革命前期，纺织工业的设备比较简陋，投资额不大，家境较殷实的农民不难涉足其中。

工业发展并不等于工业化的过程开始，当资金、技术积累到适当程度的时候，工业发展加快，工业化进程开始。工业化最基本的前提是技术积累达到一定程度和阶段。工业化创造两种需求：一是社会需求；二是工业本身发展的需求。工业化程度越高，门类就越齐全，工业层级和门类的扩张按照一定的规律进行。

2. 城市化过程

"城市化"这一术语出现在 1850 年左右。西班牙的一位工程师塞尔门写的一本书是《城市化的理论问题》，其在书中第一次使用了"城市化"一词。西方的城市化运动自工业革命开始，到 20 世纪六七十年代，城市化已达到很高的水平，城市已经成为西方人口的主要聚居区。西方城市化的高水平已经成为西方国家发达程度的重要标志。城市化的经济目的是通过规模经济、集体消费，提高公共服务的水平。人口密度是公共服务的函数，人口集聚是提高公共服务效率的前提，唯有大规模的空间集聚，才能降低公共服务的平均成本，获得递增的报酬。

西方城市的发展，是工业化的结果。工业的不断发展，增加了对土地和人口的需求，随着工厂的增多和规模的扩大，城市也在扩张，进而促进多种需要和多个产业的发展。工业化要求人力、资本、技术聚合，使城市这种最适合的发展模式脱颖而出，工业化与城市化在相互推动中不断发展。20 世纪 90 年代以来，随着以国际互联网为代表的网络技术的发展，城市化进入新的发展阶段。城市化并不仅仅是人口由乡村向城镇的简单集中，它反映的是整个社会结构的变化，它包含非农产业的集中，生活空间的转化和观念意识的转化。西方社会在城市化的初期，主要是在工业革命后，城市在高速发展的同时，也出现了许多问题，如交通紧张、环境污染、住房紧张等。

3. 现代化过程

现代化是指一个国家或地区在政治、经济、社会、文化等各个领域逐步实现现代化特征和标准的进程。这一过程涉及人们生活水平的提高、经济结构的转型、科技创新的推动及社会制度的变革，是一个综合性、复杂性的发展过程。以下是现代化过程中的一些重要方面。

（1）经济现代化。经济现代化是现代化过程的核心内容之一。它包括工业化、农业现代化、信息化、城镇化等方面的发展。工业化是经济现代化的关键，通过工业化，国家能够实现生产力的大幅度提升，从而带动整个经济的增长。农业现代化则是提高农业生产力水平，通过科技手段提高农业生产效率和质量。信息化是现代经济的重要标志，通过信息技术的应用，可以实现生产、管理、交流的高效率和便捷性。城镇化是指人口从农村向城市的转移，城市化进程不仅是经济现代化的表现，也是城市基础设施、社会管理、文化生活等各个方面的现代化过程。

（2）科技创新。科技创新是推动现代化进程的重要动力。一个现代化的国家必须具备自主创新的能力，不断推动科技水平的提高。科技创新涉及基础研究、应用技术、产业转型等多个方面。通过加大对科研机构的投入、建立科技创新体系、加强产学研合作等措施，可以不断激发创新活力，推动经济结构的升级和转型。

（3）社会制度变革。现代化过程中，社会制度的变革是不可或缺的一部分。传统社会制度可能无法适应现代化的需要，需要进行相应的改革和调整。这包括政治体制、经济体制、社会保障体系等方面的改革。政治体制的现代化意味着建立法治国家、民主政治制度和有效的政府治理体系。经济体制的现代化包括市场经济体制的建立和完善、产权制度的保护等。社会保障体系的现代化则包括建立健全的社会保障制度、医疗保障体系、养老保险制度等。

（4）教育与文化发展。教育与文化发展是现代化进程中的重要方面，它关系到国家的软实力和人民整体素质的提升。现代化的教育体系应该注重素质教育，培养人才的创新能力和综合素养。文化发展包括传统文化的传承与创新及对外文化交流与融合。文化软实力的提升有助于国家的国际影响力和文化认同感的加强。

（5）生态文明建设。随着现代化进程的推进，环境污染和生态破坏等问题也日益突出。生态文明建设成为现代化进程中不可忽视的方面。这包括加强环境保护、推动可持续发展、建设生态文明等。通过节能减排、推动清洁能源利用、改善生态环境等措施，实现经济发展与环境保护的良性循环。

现代化是一个综合性、系统性的发展过程，它不仅涉及经济领域的发展，还包括社会、政治、文化、环境等多个方面。只有全面推进现代化，不断解决发展中的各种问题，才能实现国家的长治久安和人民的幸福生活。

二、工业化发展与规律

工业化是由农业经济转向工业经济的一个历史过程，当今世界各国发展经济，工业化是其必经之路。

（一）工业化时期需求变动

工业化过程存在双重需求，即工业本身的需求和市场需求。工业发展除了为社会提供产品需求之外，本身也需要机器设备、厂房建设、动力支持等，工业化发展还需要大量土地和运输设备等，同时需要大量人力资源。工业化时期，社会需求无论在总量和结构上都有空前的增长，其决定因素很多，如地理位置、自然条件、社会风尚等，但最主要的因素有：生产技术发展、人口城市化、市场发展、政府行为。

1. 生产增长与技术进步

人类社会经济发展史证明，没有大量的需求就没有大量的生产，而形成大量生产的必要条件是产品的价格能够为工农阶层所接受，从而使工农的需求成为有效的需求。工业化过程中形成的现代工业、现代农业和现代运输业不仅提供了数量日益增大、品种日益增多的产品，而且大幅度降低了成本、降低了价格。其中特别值得一提的是，耐用消费品工业的发展向市场提供了大量的缝纫机和自行车，汽车和冰箱也开始出现。现代农业的发展则使谷物、肉类的生产在一定程度上摆脱了土地报酬递减法则的制约。国内外贸易的发展对商品价格的降低也起了一定的作用。

2. 人口增长与农村人口城市化

工业化时期欧洲人口的增长从两个方面影响需求：一是人口数量的增大直接扩大了需求；二是农村人口城市化改变了消费的模式，从而改变了需求的模式。与农村居民需求相比，城市居民的需求有两个特点：一是自给自足的实物需求变成货币支付需求；二是需求更趋于多样化，如对公共设施、公共卫生和文化教育的需求增加。这两大特点既标志着人们需求质的提高，也标志着需求量的增大。

3. 市场体系与市场机构的发展改进

市场的改进包括统一的国内市场以至统一的国际市场的形成，统一的多民族国家的形成，市场销售机构如批发市场、零售贸易机构（百货商店、合作商店、联号商店、廉价商店）的出现，全国性报纸刊物上的商品广告的作用，通信工具的改进，货币工资之取代实物工资等，所有这些均直接或间接地促进了市场的发展。

4. 政策行为对消费需求的刺激作用

工业化时期政府政策对消费需求的影响有直接和间接两种。政府政策行为对消费需求的直接影响是指社团消费的增长，包括政府行政费用的增长等。随着工业化和城市化的发展，政府相关部门用于行政管理、公共设施、公共卫生、文化教育、社会保障等方面的开支与日俱增。间接影响是指政府的法令、政策的作用，如消费的等级限制，对消费品管理限制，撤除关卡，税收减免（包括关税减免），直接税和间接税的设置和完善。这些政府法令政策措施的颁布和实施，虽然其中有些项目对消费增长有抑制作用，如税收的增加，但总的说来，其对消费需求的促进作用还是主要的。

（二）第三产业的发展规律

西方国家工业化时期的重要经济现象之一是第三产业的迅速发展。第三产业被认为是国民经济中除去农业（称为基础产业）和工业（又称第二产业）以外的所有产业。第三产业即服务业，有三个基本特征：产品具有无形性、生产单位多为劳动密集型小企业、从业人员带有较强的专业性，且以女性、个体经营者和兼职人员为主。对第三产业内部行业的分类不尽一致。例如，比较通用的分类法是将第三产业分为：①交通、通信；②商业、金融、保险；③科学、教育、文化、卫生；④政府和防务；⑤狭义的服务行业（饮食、旅游、修理等）。还可以将第三产业分为：①社会服务业，即交通、通信和公用事业（教育、公安、国防、司法）、社会福利卫生事业；②商业服务，即商业、金融、保险等；③个体服务，即家务、手工个体服务，个体专业服务者（如律师、医师）等；④社团服务（如职业团体）；⑤文化娱乐。

三、城市化发展与规律

城市的核心是"市"，城市化的核心是"市场化"。一般而言，城市化的含义可分为广义和狭义两个角度。

从广义的角度来看，城市化是指社会经济变化过程中的多个方面。首先，它包括了农业人口向非农业领域转移的过程，这意味着农村人口逐渐离开农业劳动力市场，转向工业、服务业等非农领域，从而形成了城市劳动力的来源。其次，城市化也表现为城市人口规模的不断扩张，这是由于工业化、城镇化等过程的推动，导致了城市人口的增长。同时，城市化还包括了城市用地不断向郊区扩展的趋势，这是城市发展和人口增长的自然结果。此外，城市化还意味着城市数量的增加，新的城市不断涌现，原有城市不断扩张。最后，城市化也包含了城市社会、经济、技术等方面的变革向乡村的扩散和影响。

从狭义的角度来看，城市化仅指农业人口不断向非农业领域转移的过程。这意味着农村人口逐渐放弃传统的农业生产方式，转向工业、服务业等非农业领域，从而成为城市劳动力的一部分。这种城市化过程是现代化和工业化进程的必然结果，也是城市规模不断扩大的重要原因之一。

城市化既是社会经济变化的重要特征，也是现代化进程的重要组成部分。无论是从广义还是狭义的角度来看，城市化都体现了社会发展的趋势和方向，对于促进经济增长、改善人民生活水平具有重要意义。

一般地，工业化可以产生多重需求：工业自身需求和市场需求（换言之满足市场需求）。正因为如此，工业发展能促进经济增长和社会发展。城市化一般滞后工业化，工业发展到一定程度工业化加速，进而促进和带动城市化发展。在现代社会经济发展中，城市化阶段是一个国家社会发展和经济增长深刻变革的时期。

随着产业革命的兴起，机器大工业和社会化大生产的出现，开始涌现出许多新兴的工业城市和商业城市，城市人口比例迅速增长。国际上城市化有两种不同的发展模式：一种是紧凑型模式，在有限的城市空间拥有较高密度的产业和人口，节约了城市建设的用地，提高了土地的配置效率；另一种是松散型模式，人口密度偏低，交通能源消耗要比紧凑型模式多很多。

城市化可以拉动和促进消费，已经成为公理。无论如何，城市化进程的重要表象是人口的迁移，人口的流动必将产生对居住的需求以及连带多种需求，城市化过程会对城市房价带来较大的变化和影响。

技术进步推进了工业和工业化发展，工业化拓展加剧了城市化发展。工业化是城市化的动力，城市化又为工业化创造条件，城市化进程中，既要充分考虑工业化对城市化的支撑，又要充分考虑工业化对城市化的要求和配套，城市化关键要统筹城乡社会经济发展。

四、现代化发展与规律

现代化的第一步是工业化和城市化，即通过工业化和城市化推动农村转型，促进生产方式和生活方式的现代化。现代化的发展规律有以下几个方面：

1. 技术创新和经济发展

现代化与技术创新、经济发展密不可分。新技术的创新和应用，可以加速现代化过程中的产业转型和革新，推动经济结构调整和发展，实现经济现代化。

2. 教育和人才培养

教育和人才培养是现代化的重要保证。通过教育和培训可以培养符合现代化发展需要的各类人才，包括科技领域专业人才、生产管理人才、市场营销人才、文化传销人才等。

3. 文化传承和创新

现代化还要求在文化传承和创新方面不断进步。文化传承是将历史和人类智慧的主要方面传承下去，文化创新则是将文化与时俱进、拥抱未来，形成新的文化风貌和文化自信。

4. 生态保护和可持续发展

现代化也需要合理处理人与自然的关系。生态保护和可持续发展是现代化的重要方面。只有保护好环境资源才能推动现代化发展的可持续性进程。

第二节　经济制度与经济发展的联系

从全球经济学的角度来看，近代人类社会经济发展的实质是工业化、城市化和现代化的过程。劳动、资本、土地、技术等都是促进经济增长的基本要素，进而诸如制度、体制、机制等都是影响社会经济发展的重要因素。

一、制度在经济发展中作用

人类社会发展进步，离不开先进的制度，研究经济发展与增长，更离不开制度。制度学派对经济增长提出了全新的观点，认为资本积累、技术进步等因素本身就是经济增长；经济增长的根本原因是制度的变迁，一种提供适当个人刺激的有效产权制度体系是促进经济增长的决定性因素。从当代社会经济发展的本质来看，制度是促进当代经济发展的重要因素之一。

现代西方经济学可分为主流经济学和非主流经济学。非主流经济学流派很多，制度经济学是其中特别引人注目的一支。从方法论角度而言，制度学派以研究"制度"和分析"制度因素"在社会经济发展中的作用为标榜，并以此得名。制度学派以研究"制度"而得名，采用历史归纳方法和历史比较方法，强调每一个民族或每一种经济制度都是在特定历史条件下进行活动或发展起来的，他们认为经济增长的根本原因是交易费用的降低，而降低交易费用的关键在于制度变迁。

制度经济学认为制度在经济发展过程中起决定性作用，制度变迁才是人类社会历史变迁中根本的变迁。制度是一个社会的游戏规则，也因此成为塑造经济、政治与社会组织的诱因架构。所谓制度包括了正式规则（宪法、法律、规定）与非正式的限制（惯例、行事准则、行为规范），以及上述规则与限制的有效执行。制度加上技术，决定了构成总生产成本的交易及转换（生产）成本，从而影响经济的表现。由于制度与采用的技术之间有密切的关联，所以市场的效率可以说是直接取决于制度层面的架构。

制度对于经济增长的作用是显而易见的。在经济学中，制度经济学派是把制度本身作为经济增长的一个独立因素或者独立变量来考虑，以此来研究它对经济增长的作用以及作用的程度。但是这里所考虑的制度对经济增长的影响，是把制度看成是影响经济增长的众多因素之一，换言之是作为众多变量中的一个来加以考虑。

二、经济体制影响经济发展

（一）经济体制的功能与分类

经济体制是指在特定区域内（通常是一个国家）制定和执行经济决策的各种机制的总和。它涵盖了一个国家国民经济的管理制度和运行方式，是国家组织生产、流通和分配的具体形式，也是一个国家经济制度的具体表现。经济体制包括了诸如投融资体制、金融体制、税收体制、财政体制等各个方面。

经济体制在直接含义上指的是一定的经济组织形式、权责划分、管理方式和机构设置的整体系统。社会的经济关系涵盖了参与经济活动的各个方面、各个单位及每个人的地位和彼此之间的利益关系，这些关系需要通过经济体制来体现和管理。投融资体制涉及资源配置和资金流动的机制，包括国家对投资和融资的政策、法律法规、金融市场的运作机制等。金融体制则涉及货币、信贷、银行等金融机构的组织形式和运行规则，以及金融监管的制度。税收体制是指国家对公民和企业征收税收的方式、税种和税率的设置，以及税收使用和分配的制度安排。财政体制包括政府财政收入和支出的管理方式、预算编制和执行机制等方面。

经济体制是一个国家经济管理的核心机制，它直接影响着资源配置、产业结构、经济增长和社会公平等方面。不同国家的经济体制因历史、文化、政治等因素而各有特点，经济体制的改革和完善对于实现经济可持续发展和社会稳定具有重要意义。

经济体制除了指整个国民经济的条条（纵向）管理体制外（诸如农业体制、工业体制、商业体制、交通体制、电信体制等），还应该包括横向的管理体制和方式（譬如各省、市、县政府及地方的管理体制）。由此，我们可以大致看出：经济体制主要包括所有制形式、管理权限、管理方法、经营方式等。经济体制的三个基本要素是：所有制关系、经济决策结构、资源配置方式。

1．经济体制功能

经济体制在一个国家或地区的发展中扮演着至关重要的角色，其功能不仅仅体现在经济领域，也深刻影响着社会的各个方面。以下是经济体制的主要功能：

（1）资源配置和优化：经济体制通过市场机制、政府干预或混合方式，有效地配置和利用稀缺资源，使资源得到最佳利用，促进了生产要素的合理配置和优化。

（2）经济稳定和调控：经济体制通过货币政策、财政政策等手段，调控经济的总量和结构，平衡供求关系，稳定物价水平，维护经济的稳定和可持续发展。

（3）市场机制激励：健全的经济体制能够激发市场主体的积极性和创造性，通过市场竞争机制，提高生产效率，促进企业技术创新和产品质量提升。

（4）促进经济增长：良好的经济体制有助于优化资源配置，提高生产率和效率，推动技术进步和产业升级，从而实现经济持续增长，提高国民经济总量。

（5）公平与社会公正：经济体制的完善可以促进收入分配的合理化，提高社会保障水平，缩小贫富差距，增强社会稳定性，实现经济发展和社会公正的有机统一。

（6）国际竞争和合作：健全的经济体制有利于国家开放和参与国际竞争，提升国家在国际经济体系中的地位和竞争力，促进国际经济合作和交流。

（7）生态环境保护：优良的经济体制可以促进资源的可持续利用和环境的协调发展，推动生态文明建设，实现经济增长和生态环境保护的有机统一。

（8）政府治理效能：经济体制的健全与完善有助于提高政府的治理效能和服务水平，推动政府职能转变，优化政府机构和管理方式，提升政府的决策科学性和执行力度。

经济体制是国家经济运行的基础和保障，其功能涵盖了资源配置、经济稳定、市场激励、公平公正、国际竞争、生态环保等多个方面。只有建立健全的经济体制，才能推动经济发展、促进社会进步、提升人民福祉。

2．经济体制分类

经济体制是指一定区域内（通常为一个国家）制定和执行经济决策的各种机制的总和。根据不同的分类标准，经济体制可以被划分为不同类型，以下是几种常见的分类方式：

（1）按所有权形式分类

①社会主义经济体制：在社会主义制度下，生产资料属于全体人民或国家所有，国家通过计划经济或者市场经济的方式对生产资料进行配置和管理，以实现社会主义的分配原则。

②资本主义经济体制：资本主义经济体制下，生产资料主要由私人所有，市场机制起着决定性作用，生产活动和资源配置主要由市场调节，以实现私人所有者的利益最大化。

（2）按政府干预程度分类

①市场经济体制：在市场经济体制下，市场在资源配置中起主导作用，政府的干预程度较低，主要职责是维护市场秩序和提供公共产品，市场自由度较高。

②计划经济体制：在计划经济体制下，政府通过制定详细的计划和指令，对生产、投资、分配等经济活动进行全面调控和安排，市场在资源配置中的作

用被大大削弱。

（3）按市场开放程度分类

①开放型经济体制：在开放型经济体制下，国家积极参与国际贸易和投资，推动市场的国际化，吸引外资、引进技术，以促进国内经济的发展和提高竞争力。

②封闭型经济体制：在封闭型经济体制下，国家对外贸易和投资限制较多，自给自足的经济模式比较普遍，市场开放程度较低，国内经济相对独立。

（4）按资源配置机制分类

①混合经济体制：在混合经济体制下，政府和市场在资源配置中都起到一定的作用，既有市场调节，又有政府干预，力求在自由市场和政府干预之间取得平衡。

②自由市场经济体制：在自由市场经济体制下，市场起决定性作用，资源的配置完全由市场机制决定，政府只承担维护市场秩序和提供公共产品的职责。

经济体制的分类可以根据所有权形式、政府干预程度、市场开放程度及资源配置机制等不同方面进行划分。不同的经济体制会对国家的经济运行、资源配置、市场竞争和社会发展产生不同的影响。

（二）经济体制变革与经济增长

经济制度的变革主要表现在：所有制形式和结构、分配方式、消费方式等，而这些方面的变革又同时要求经济体制进行相应的变革，因此我们的改革是在不触动社会主义基本制度的前提下进行的体制变革，比如价格体制、商业流通体制、投资体制、外贸体制等。经济制度变革在先，经济体制变革紧随。经济体制改革极大地解放了生产力。

在未来的发展中，必须从规模化和集约化的角度来考虑，企业、产业的发展和规划及基本建设要从更高层次和更大范围内开展，更加节约和具有竞争力。这就要求企业集团化、规模化，产业集群化，城市集群化。按照城市集群化的要求，城市基础设施的建设也要在更大范围考虑，才能形成城市集群，城市基础设施集约发展，才能有实力发展从而减少浪费。这就要求行政体制要相应变化，层级减少，环节减少，管理细化。譬如实行大部制改革加大了管理跨度，必须要减少层次和缩小中间层级的管理范围，只有这样才能加快发展，减少摩擦，从而减少成本。体制性改革的目标必须如此确立。

三、经济机制影响经济发展

当代社会各种经济体都存在多种经济机制，经济机制的各个组成部分是有机联系的。从全球化的角度来看，市场化推进和市场配置资源成为当今世界的主流，中国正在推进市场化进程，经济机制的着力点是要建立有利于转变经济发展方式的体制和机制，以提高市场配置资源的效率。

（一）经济机制的分析

对于人们普遍看好的市场经济，最重要的是产权制度。建立市场经济制度，就必须建立与其相适应的产权管理体制和市场机制。产权公有制需要与之相适应的管理体系和激励经济增长的机制，同样以产权私有为重要内容和特征的市场经济制度，也需要与其相适应的一系列运行机制。

在不同的经济制度下，经济机制的外延和内涵不尽相同。经常情况下制度、体制和机制对经济增长的促进作用是很难分清楚的，因为它们本身就是相互关联，甚至互为表里、互为载体，但是也有明显的区别。

国民经济是一个有机的整体，具有内在的构造和特定的联结方式。在国民经济这个大系统中，包括物质生产部门和非物质生产部门，并存在生产、流通、分配、消费四个环节。各部门各环节之间不仅存在有机的联系，而且具有特定的功能。这些功能包括物质、资金和信息的交换、各部门各环节之间的协调平衡，以及相互联结和调节。

在经济学中，经济机制是指在一定社会经济体内各构成要素之间相互联系、相互作用、相互制约的关系及其功能。经济机制存在于社会再生产的生产、分配、交换、消费的全过程中。经济机体的各个组成部分和环节有机结合，通过互相制约和影响，影响经济机体的运行和发展。各构成要素都自成系统，各自都以特定的方式运行，比如价格机制、竞争机制、用人机制等。

价格机制是经济机制中的重要组成部分，通过供求关系决定商品和服务的价格，引导资源的配置和生产活动。竞争机制则是在市场经济条件下，通过企业之间的竞争来促进生产效率和产品质量的提高。用人机制是指企业如何招聘、管理和激励员工，以最大程度地发挥人力资源的作用。

除此之外，还有货币政策和财政政策等宏观经济调控机制，通过调整货币供应和政府支出，影响经济运行的总量和结构，维护经济的稳定和增长。

总之，经济机制是国民经济运行的重要基础，它通过各种方式和手段影响着资源的配置、生产的组织、市场的运行及收入的分配，对整个经济体系的稳定和发展起着至关重要的作用。

价格机制通过价格的变动来推动和影响经济的运动，而税收机制则通过税种、税率的变化和减免税政策来制约和影响经济运动。由于经济机制是在经济机体的运行过程中发挥功能的，因此它又称为经济运行机制。

实际上，经济机制包含了经济组织、经济杠杆、经济政策等多个方面。生产关系是经济机制建立的基础，而经济规律则是制约和支配着经济机制的核心。经济机制的建立和运行需要充分考虑到生产关系和经济规律的作用。

在经济机制的建立和运行中，经济组织起着重要作用。经济组织是指为实现一定经济目标而进行协调和安排的各种经济主体，包括企业、金融机构、政府部门等。这些经济组织在经济机制中承担着资源配置、生产组织、市场运行等多种功能。

此外，经济杠杆也是经济机制的重要组成部分，它包括货币政策、财政政策等手段，通过调整货币供应和政府支出来影响经济的总量和结构，维护经济的稳定和增长。

经济政策则是国家对经济运行的调控手段，包括货币政策、财政政策、产业政策等。这些政策的制定和实施可以影响价格水平、税收收入、经济增长率等多个方面。

经济机制是经济运行的基础，包括经济组织、经济杠杆、经济政策等多个方面，它们相互作用、相互影响，共同推动着经济的发展和运行。

（二）市场机制内容与功能

市场机制是市场经济内在的作用机制，它解决了生产什么、如何生产及为谁生产这三大基本经济问题。广泛认为，市场机制是市场经济的核心，能够实现稀缺资源的有效配置。

一般来说，市场经济中的各个市场要素相互适应、相互制约，并共同发挥作用，形成了市场自组织、自调节的综合机能，即市场机制。其动力源于市场主体对个体利益的追求，通过传动系统转换为企业目标与社会经济目标；传动机制通过市场信息、交通运输及各项服务来实现；调节机制则是通过价值规律、供求规律及竞争规律作用下的价格、工资、利率等变动来完成的。市场机制包括调节机制与竞争机制两个方面，它们共同作用以保证市场的效率与均衡。

市场机制是一个经济机制体系，包括竞争机制、供求机制、利益机制、价格机制等。竞争机制通过市场上的自由竞争，促使企业不断提高效率、降低成本，从而满足消费者需求。供求机制则通过市场上供需关系的变化，影响价格和产品供应量，实现资源配置。利益机制是市场主体的利益驱动力，激发了生产者和消费者的积极性，推动着经济活动的发展。价格机制则是市场经济中的核心机制，通过价格的波动调节资源配置和生产行为。

市场机制作为市场经济的核心机制，通过自发的市场活动和竞争机制，实现了资源的有效配置和经济的发展。市场机制的运行需要充分发挥市场主体的作用，同时也需要政府的引导和监管，以确保市场的公平、公正和稳定。

市场机制可以从不同的角度进行理解和分析。以下是三个透视角度：

首先，从市场机制运行的一般内容来看，可以将其细分为三个过程：①商品市场的价格机制；②金融市场的信贷利率机制；③劳动市场的工资机制。这些机制在市场经济中扮演着不同的角色，影响着资源配置和经济运行。

其次，从市场机制运行的原理上划分，可以分为动力机制与平衡机制。动力机制包括利益机制和竞争机制，它们是市场活力与效率的源泉；而平衡机制包括供求机制、价格机制与调节机制，是各市场主体相互协调生产与消费资源配置的保证机制。

最后，从市场机制不同的作用方式来看，可细分为供求机制、竞争机制与风险机制。供求机制是价格与供求关系的内在联系，它决定着市场的价格水平和产品供应量；竞争机制则是通过竞争与价格、供求相互作用，保证了市场的有效运行和资源配置；风险机制是指风险与竞争及供求共同作用的原理，市场主体在追求利益的同时，也需要承担一定的风险，这种外部压力促使市场进行调节和适应。

总之，不同的透视角度可以帮助我们更深入地理解市场机制的运行原理和作用方式，为促进经济的健康发展提供理论指导和实践支持。

第三节　生产、结构要素与经济增长

一、生产要素与经济增长

（一）经济增长的三个要素

经典经济学理论把劳动、资本、土地看作是一切社会生产不可缺少的三个要素。从经济增长的源泉和动力来看，劳动、资本、土地是经济增长的决定力量。但是，需要特别说明的是，劳动、资本、土地这三个要素在不同的时期换言之在不同的经济阶段对财富的创造和财富的分配所起的作用是不一样的。

劳动创造价值，没有劳动就无法创造出社会财富。劳动力是劳动的提供者，劳动力要素是最活跃的要素，主要来源于区域内自有劳动力和外来劳动力，如迁徙和打工等因素。

资本要素主要来源于家庭储蓄、企业储蓄和政府储蓄，总收入减去总消费等于储蓄，储蓄和劳动的有效结合形成资本，从而实现价值增值。

自然资源要素对经济的增长影响巨大，包括土地的肥沃程度、矿产的种类及丰富程度、气候等因素。土地不仅可以作为劳动资料，也可以作为劳动对象。作为生产要素，土地不仅仅指土地本身，还包括石油、煤、铁等各种矿藏，以及森林、野生动植物等所有自然资源。然而，土地作为一种劳动资料或劳动对象本身并不会产生价值，只有与资本和劳动结合起来才能创造出财富。

土地资源的肥沃程度和矿产资源的种类及丰富程度直接影响着经济的生产力水平。肥沃的土地和丰富的矿产资源能够提高生产效率，促进经济的增长。气候条件则直接影响着农业、能源等行业的发展，进而对整个经济结构和增长产生影响。

土地资源的合理利用和保护对经济的可持续发展至关重要。过度开发和污染会导致资源枯竭和环境恶化，影响经济的长期发展。因此，科学合理地利用土地资源、矿产资源和保护环境是实现经济增长和可持续发展的重要保障。

总之，自然资源是经济发展的重要基础和支撑，其肥沃程度、丰富程度和气候条件对经济增长具有重要影响。合理利用和保护自然资源对于实现经济的可持续发展具有重要意义。

劳动、资本、土地的数量决定产出，换言之，生产要素的数量决定一个区域或国家的产值和经济规模。土地、资本和劳动力是近代社会的三大基本生产要素，在这三个要素中土地是根本，没有土地任何生产都将是无本之木。

资本要素向来被视为经济增长的发动机，区域经济发展的资金主要来源于本地区资本积累和区域外资本的净流入。资本积累与经济增长率成正比，资本积累的多少是经济增长率高低的关键。可见，资本存量的多寡特别是资本增量的快慢，往往成为促进或阻碍经济增长的重要因素。

在生产要素中，人力资本特别是技术水平的提升及制度的良好演进会通过劳动和土地使用效率的增加显现出来；资本是土地和劳动结合的纽带，资本的作用类似润滑剂，会加速劳动和土地产出的交换和分配，刺激产出的增加。长期来看，资本的作用是中性的。只有三要素的有效结合与运作，才能使我们的社会财富得以不断增长和积累。推动经济发展，必须充分尊重客观经济规律，高度重视生产三要素在经济发展中的决定性作用。

（二）生产增长取决于要素增加

劳动、资本和土地是生产的必要条件。因此，生产的增长取决于这些要素的性质。生产增长是这些要素本身增加的结果，或是其生产力提高的结果。从而，生产增长规律肯定是生产要素规律的结果；生产增长限度肯定是生产要素规律确定的限度，不论是怎样的限度，研究经济增长，先要考察这三个素所起到的作用，换言之，要考察生产增长规律对劳动的依赖，以及考察增长对资本的依赖和对土地的依赖。

通常情况下，生产不是固定不变的，而是不断增加的。生产只要不受到有害的制度或低下的技术水平的阻碍，总是趋于增加状态。生产不仅受到生产者扩大其消费欲望的刺激，还受到消费者人数不断增加的刺激。随着生产的增加，三个要素对经济增长贡献的大小，在不同的国家或不同的阶段是有差别的。一般而言，在经济比较发达的国家（或阶段），生产率提高对经济增长的贡献较大。在经济比较落后的国家（或阶段），增加资本投入或劳动投入对经济增长的贡献较大。

在不同时期，由于稀缺的程度不同，生产要素对经济增长的促进作用也是不一样的。随着生产的增加，工业化开始加速，同时对于住宅的需求也有所增加，在这种情况下，既需要劳动的增加又需要资金的增加。因此，一般而言，在经济发展的初中级阶段，对于劳动、资金等要素都有大量的需求。

在经济和社会发展进入城市化快速阶段，对资金的需求是巨大的。但是在城市化进入快速阶段以后，对于钢铁、水泥、电力这些基本要素的需求逐步开始下降，社会经济中也拥有了巨量的货币，在这种情况下，对劳动、资本的需求开始下降，土地需求成为工业化，特别是城市化阶段的稀缺要素。

可以看出，一个国家或者一个地区在不同阶段，对于劳动、土地，以及资本的需求是不一样的，如果能够认识到这些需求变化的规律，在这个过程中按照不同阶段增长的需要提前作出合理的安排，就能够做到科学发展。

（三）技术进步对经济增长、作用

科学技术被视为知识形态的生产力，一旦纳入生产过程，就会转化为实际的物质生产力。在当代，科学技术对生产力的发展起着至关重要的决定性作用，技术进步已成为推动经济增长的主要因素之一。技术进步通过两种途径来推动经济增长。

首先，技术进步通过对生产力的三个要素（劳动力、资本和自然资源）的渗透和影响提高生产率，从而推动经济增长。新的技术应用和创新能够使同样的资源产生更多的产品或服务，提高了生产效率，促进了经济的增长。

其次，在高科技基础上形成的独立产业，其产值直接成为国内生产总值的组成部分和经济增长的重要来源。这些产业往往以科技创新和技术密集型生产为特点，不仅能够创造大量的就业机会，还能够带动相关产业链的发展，推动整个经济的持续增长。

总的来说，科学技术的发展不仅对提高生产率、推动经济增长起到直接的作用，而且还为新产业的兴起和发展提供了有力支撑。因此，加强科学技术创新、推动技术进步，是实现经济持续增长和发展的关键之一。

在工业化、城市化过程中，人们开始寻求更高层次的需求，实际上是对现代化以及精神方面的需求。在这种情况下，社会对于技术要素的需求进一步提高。人类社会的每一次重大进步都是与科学技术的进步密切相关的。比如从18世纪蒸汽机的发明和19世纪电力的应用，极大地促进了工业的快速发展，加速了社会经济的发展。另外，航海、航空、航天领域的发展加速了科学技术的进步，同时也加速了社会经济的发展。所以，国家经济的发展从长远而言必须重视科学技术的发展，与科学技术相关联的是人才的培养和发展教育。

二、结构要素与经济增长

在经济发展中，结构变化如何影响经济增长这一问题已经引起人们越来越多的关注。按照经典的经济学理论，商品产生的基本原因是私有制和分工。从人类的发展过程中我们可以看到，每一次人类社会大的变革和发展都是由分工所引起的。人类社会发展史上的第一次大分工是农业与畜牧业的分工，第二次大分工是农业与手工业的分离，第三次大分工是出现了不事生产而专门从事商品交换的商人。每一次分工都标志着人类文明的进步、经济的增长和社会的发展。现代社会越发展，分工就越细，进而经济结构、产业结构就会越来越细分。

（一）经济结构要素与经济增长

改革开放 40 多年来，中国经济结构发生了深刻变化。在产业划分上，人们固有的概念都是三个产业。按照统计通常划分为：第一产业是指农、林、牧、渔业；第二产业是指采矿业，制造业，电力、燃气及水的生产和供应业，建筑业；除此之外的产业全归属于第三产业。产业结构的划分应该随着经济与社会的发展而不断丰富完善，除第一产业、第二产业外，而把其他的都划入第三产业不合理也不科学。

实际上，随着新的科研成果和新兴技术的发明应用，会不断地涌现出新的行业，像现在非常发达的信息产业，堪称一个独立的产业。但不管怎么划分，每个产业的发展和新兴产业的出现都标志着人类向更高的文明阶段发展。人类发展的阶段越高，精神享受的要求就越高，而文化产业也就越发达。经济越发展，分工就越细，结构就越丰富。实际上这是个可逆的相互作用过程。即反过来，结构越细分，就越利于经济增长，文明的程度就越高。

经济结构是一个涵盖范围广泛的概念，它一方面反映了各种经济成分、要素之间的相互联系、相互作用方式及其运动变化规律；另一方面，经济结构也是各类经济主体在不同经济领域按照一定方式活动、构造具有不同效能的经济侧面，进而直接体现在经济生活中。任何一个社会的经济结构都是在多种因素共同作用下形成的结果。

就经济结构的组成而言，它涉及产业结构、分配结构、就业结构、供给结构、需求结构等方面。无论是哪种社会制度，无论社会生产力处于何种发展水平，只要经济行为是社会性的，都必然是在一定的经济结构之中活动，并与经济结构形成相互作用的关系。

产业结构反映了不同产业在国民经济中的比重和地位，分配结构涉及收入在社会各个群体之间的分配情况，就业结构关乎劳动力在各个行业中的分布情况，供给结构和需求结构则涉及产品和服务的供给和需求的组成和变化。

经济发展或增长的过程，实际上也就是经济结构不断演化升级的过程，其原因主要表现在以下方面。

1. 经济结构与经济增长是两个不同方面

经济结构和经济增长是两个密切相关但又有着不同侧重的概念，它们反映了社会经济活动的不同方面。经济增长可以被视为经济总量不断扩大的过程，而一定时期的经济总量实际上等于所有经济结构的总量。因此，经济增长也就等于结构总量的增长。从动态的角度来看，分析经济增长必须考虑经济结构，因为任何增长都是在一定经济结构条件下发生的，而经济结构又会从多方面影响经济增长。

经济结构对经济增长的影响是多方面的。如果各类要素在不同经济空间的集聚符合社会经济发展方向并满足外部各项需求，那么这种经济结构就会对经济增长产生有利的影响，从而促进经济增长速度的加快，实现各类资源的高效利用。反之，若经济结构不合理，则会对经济增长造成阻碍，导致经济增长放缓甚至停滞，最终导致社会资源的损失和浪费。

因此，了解和优化经济结构对于实现经济增长具有重要意义。政策制定者和经济管理者应当关注并采取措施，以促进经济结构的合理调整和优化，从而推动经济增长，提高资源利用效率，实现经济的可持续发展。

2. 经济结构影响经济增长的方式

经济结构对经济增长的影响是多方面的，它通过多种渠道和机制对经济增长产生作用。

首先，产业结构的合理布局对经济增长至关重要。不同产业的发展水平和结构对整体经济增长有着直接影响。具有高附加值和创新能力的制造业和服务业能够为经济增长提供动力，而农业和传统产业的调整升级也能够促进经济结构的优化和提高生产效率。

其次，人力资本的投入和质量对经济增长具有重要影响。教育、培训和技能提升可以提高劳动力素质和创新能力，从而推动经济结构向高端产业和高技术领域转型，促进经济增长。

最后，资源配置的合理性影响着经济结构的优化和经济增长的速度。资源的有效配置可以提高生产效率和产出质量，促进经济结构的升级和经济增长的持续推进。而不合理的资源配置则可能导致资源浪费和经济增长的低速发展。

另外，经济结构还会影响创新活动和科技进步的速度和方向。技术创新对经济增长具有重要推动作用，而不同经济结构下的创新环境和需求结构会影响创新活动的产生和应用。

此外，经济结构的灵活性和适应性也决定了经济在外部环境变化下的抵御能力和调整速度。经济结构的刚性可能会导致经济增长受到外部冲击的影响，而灵活的经济结构则能够更好地应对外部环境的变化，促进经济增长的稳定和持续。

经济结构通过影响产业布局、人力资本、资源配置、创新活动和灵活性等方面，对经济增长产生深远影响。因此，政府和企业应注重优化经济结构，提高经济增长的质量和效率，以实现经济的可持续发展。

3．经济结构影响经济增长的效率

经济结构对经济增长的效率具有重要影响，其作用主要体现在以下几个方面：

首先，合理的产业结构布局能够提高资源配置效率。经济结构的优化可以促进产业升级和结构调整，使资源得到更加有效的配置和利用。例如，通过推动高附加值产业的发展，提高资源的利用效率，促进经济的增长。

其次，经济结构的优化可以促进技术创新和科技进步，从而提高全要素生产率。产业结构的升级和调整会催生新的技术、产品和服务，推动经济向更高效、更具竞争力的方向发展。这种技术进步可以带动整个经济体系的发展，提高生产率水平，从而促进经济增长。

最后，合理的经济结构能够提高人力资本的质量和效率。优质的教育体系和技能培训机制可以提高劳动力素质，激发创新创造活力，为经济增长注入新的动力。同时，人力资本的提升也会促进劳动生产率的提高，从而推动经济的增长。

另外，良好的经济结构也能够促进资源的合理利用和环境保护。合理的资源配置和环境保护政策可以降低生产过程中的浪费和污染，提高资源利用效率，保护生态环境，为经济的可持续发展创造有利条件。

此外，灵活的经济结构对适应外部环境变化的能力也非常重要。适应性强的经济结构可以更快地调整产业布局和资源配置，降低经济受外部冲击的风险，保持经济增长的稳定性和持续性。

总的来说，经济结构的优化和合理性对经济增长的效率有着重要的影响。通过提高资源配置效率、促进技术创新、提升人力资本质量、加强环境保护和提高经济的适应性等方面的努力，可以实现经济结构对经济增长效率的积极影响，推动经济向更高质量、更可持续的增长方向发展。

4．经济结构影响经济增长的周期

经济结构对经济增长的周期性产生深远的影响，其影响主要体现在以下几个方面：

首先，不同产业的发展速度和周期性波动会影响整体经济的增长周期。经济结构的不同，导致各个产业的周期性波动不尽相同。例如，制造业往往受全球经济波动的影响较大，而服务业的周期性波动则相对稳定。因此，经济结构的不同会影响整体经济的增长周期和波动程度。

其次，经济结构的变化也会对经济增长的周期性产生影响。经济结构的调整和优化可能会导致一段时间内的经济增长放缓甚至停滞，但随着结构调整的完成和新产业的兴起，经济增长可能会重新加速。这种经济结构调整所带来的周期性波动是经济增长周期的重要组成部分。

最后，人口结构和劳动力市场的变化也会影响经济增长的周期性。随着人口老龄化加剧和劳动力市场供需关系的变化，劳动力市场的周期性波动可能会加剧，从而影响整体经济的增长周期。

另外，国际经济环境的变化也会对经济增长的周期性产生重要影响。全球经济的增长周期、国际贸易关系的变化、外部经济政策的调整等因素都会影响国内经济的增长周期和波动程度。例如，国际金融危机、贸易摩擦等事件可能会导致经济增长周期的加速或放缓。

最后，经济政策的变化和调整也是影响经济增长周期的重要因素。货币政策、财政政策、产业政策等的调整都可能对经济增长产生直接或间接的影响，从而影响经济增长的周期性波动。

经济结构对经济增长周期的影响是多方面的，涉及产业结构、人口结构、劳动力市场、国际经济环境和经济政策等多个方面。了解和分析这些影响因素，有助于更好地理解和预测经济增长周期的变化，为经济政策的制定提供依据。

5. 经济结构影响经济增长的稳定性

经济结构对经济增长的稳定性会产生重要的影响。合理的经济结构能够降低经济波动的风险，促进经济增长的稳定性。首先，良好的产业结构布局能够平衡不同产业之间的周期性波动，降低整体经济受外部冲击的影响。其次，优化的人力资本结构和技术创新能力可以提高经济适应外部环境变化的能力，增强经济体系的抗风险能力。另外，合理的资源配置和环境保护政策也有助于减少资源浪费和环境破坏带来的经济波动。综合来看，良好的经济结构能够降低经济增长的不稳定性，为经济的长期稳定发展提供重要支撑。

（二）公共财政支出结构要素与经济增长

1. 经济建设支出影响经济增长

经济建设支出对经济增长有着深远的影响，其作用主要体现在以下几个方面：

首先，经济建设支出可以直接促进有效需求的增长。政府通过投资基础设施建设、科研技术、教育培训等领域，刺激了消费和投资需求，推动了经济的增长。特别是在经济衰退或低迷时期，增加经济建设支出可以有效地拉动经济，带动就业增加和产出扩大，从而促进经济增长。

其次，经济建设支出有助于优化经济结构。政府通过对产业结构调整、技术创新和人力资本培育等方面的投入，推动了经济结构的优化和升级，提高了生产率和竞争力，从而为经济长期增长奠定了基础。

最后，经济建设支出可以促进区域经济发展的均衡性。政府在基础设施建设、产业扶持等方面的投入，有助于改善落后地区的基础设施和生产条件，拉动地区经济发展，缩小地区间的发展差距，促进了全国范围内的经济均衡增长。

另外，经济建设支出还可以引导和支持企业创新及技术进步。政府通过对科研技术的资助和产业政策的支持，促进了企业创新活动的开展，推动了技术进步和产业升级，为经济增长提供了新的动力。

最后，经济建设支出还可以增强国家的整体竞争力和可持续发展能力。政府通过对环境保护、能源资源利用、社会福利等方面的投入，提高了国家的环境质量和生活水平，增强了国家的经济发展后劲和可持续性。

经济建设支出通过促进需求增长、优化结构、促进区域均衡、推动创新和提升竞争力等方面的作用，对经济增长起到了重要的推动和支撑作用。因此，政府应当合理配置和使用经济建设支出，以实现经济的持续稳定增长和全面发展。

2. 文教支出影响经济增长

文教支出对经济增长具有重要的影响。首先，文教支出可以提升人力资本的素质和技能水平。政府对教育和文化事业的投入能够提供良好的教育资源和文化环境，培养出更多高素质的人才，促进人力资本的积累和发展，从而推动经济的长期增长。其次，文教支出有助于创新能力的提升。通过支持科研机构和高等教育机构的研究活动，政府可以促进科技创新和技术进步，推动产业升级和经济结构优化，从而为经济增长注入新的动力。此外，文教支出还可以提高劳动生产率。受过良好教育和培训的劳动者往往具备更高的技能水平和专业素养，能够更加有效地参与生产活动，提高生产效率，推动经济增长。综上所述，文教支出对经济增长的影响主要体现在人力资本的提升、创新能力的增强和劳动生产率的提高等方面。因此，政府应当加大对文教事业的投入，优化教育和文化资源配置，为经济的可持续发展提供有力支撑。

3. 行政管理支出影响经济增长

从标准的资源配置理论来看，社会总资源最终用于投资或消费。当社会有效需求不足时，增加政府的消费性支出可以扩大社会总需求，提高现有生产能力，尤其是提高现有资本存量的利用率，从而增加利润率，对经济增长产生一定的拉动作用。然而，现代经济增长理论指出，投资是经济增长的主要推动力之一。如果消费性支出过多增加，可能会挤占生产性支出的份额，导致社会总投资减少，从而可能阻碍经济的增长。行政管理支出属于纯消耗性支出，它并未直接促进生产或提升生产能力，因此在资源配置中可能需要谨慎考虑，以确保经济增长的持续性和稳定性。

行政管理支出是政府履行其职能的财力保障，因此，在我国公共支出结构的优化过程中，行政管理支出的比重迫切需要进行调整，有些方面要严格控制。由于使用的数据不一致和回归误差，公共支出结构对于经济增长的测算有差异，但是这里先不管哪一种测算更精确，有两点是一致的，即：一方面财政支出可以影响经济增长是毋庸置疑的；另一方面财政支出结构需要优化。

第四节　投资、消费、贸易与经济增长

经济增长最终要靠消费拉动，但消费拉动经济增长的前提是要不断地增加投资。消费是一个衣、食、用、住、行不断升级换代的过程，当一个过程完成以后，就向下一个更高的阶段发展，即由一个成熟消费阶段向更高级消费阶段升级的过程，这个过程还要求技术不断地升级，同时要求不断地增加投入。

一、投资与经济增长

改革开放 40 多年来，中国经济之所以能够保持高度增长，除了制度、体制和机制变革的因素外，很重要的原因在于：一是不断引进、消化、吸收先进的科学技术，为经济发展奠定必要的技术基础；二是在发展中增量发行了很多货币，为投资拉动经济提供可能。经济增长的过程同时也是一个货币增加供应的过程，有时货币的增长甚至可能超过投资增长或者经济增长。

进入 21 世纪以后，社会整体正处在一个由衣、食、用向住、行，由低层级消费向高层级消费快速转化的过程中，而在这个转化升级的过程中蕴藏着巨大的投资空间。只有进行大量投资，不断提高投资率，才能把这些投资转化成资本，转化成企业的利润，转化成就业和收入，转化成生产生活资料的消费，才能够有效推动社会保障、就业等问题的解决，同时这也是有效应对、化解金融危机，实现经济持续又快又好发展的根本措施。经过投资发展，经济就可能达到一种相当高的程度。因此，探讨投资与经济增长的关系及其规律非常重要。

（一）理论关系

1. 投资率的计算方法

投资率通常指一定时期内资本形成总额（总投资）占国内生产总值的比重，一般按现行价格计算。国际上通行的计算方法为：

$$投资率 = \frac{资本形成总额}{支出法\,GDP} \times 100\% \qquad (2\text{-}1)$$

此外，社会上还存在另外两种计算投资率的方法：

$$投资率 = \frac{固定资本形成总额}{支出法\,GDP} \times 100\% \qquad (2\text{-}2)$$

$$投资率 = \frac{全社会固定资产投资完成额}{生产法\,GDP} \times 100\% \qquad (2\text{-}3)$$

上述三种投资率的计算方法存在如下差异：①从分母来看，涉及生产法 GDP 和支出法 GDP。理论上，生产法 GDP 与支出法 GDP 应该相等，但在实际核算中，二者并不完全一致。②从分子来看，式（2-2）的分子是固定资本形成总额，把它与存货变动合在一起，便是资本形成总额，即式（2-1）的分子。式（2-3）的分子是全社会固定资产投资完成额，它是我国固定资产投资统计的核心指标，它与固定资本形成总额在口径上有一定的差别。由于这种方法的资料容易获得，因而社会上也有很多人采用式（2-3）计算投资率。

固定资产投资对 GDP 增长的贡献率，是指当年固定资本形成额年度实际增量占当年 GDP 实际增量的比重，该指标是从需求角度分析固定资产投资增长与 GDP 增长之间的关系。具体公式是：

$$固定资产投资对\,GDP\,增长的贡献率 = \frac{当年固定资本形成年度实际增量}{当年\,GDP\,实际增量} \times 100\%$$

$$(2\text{-}4)$$

固定资产投资对 GDP 的拉动率 = 固定资产投资的贡献率 × GDP 增长速度

$$(2\text{-}5)$$

上述指标都反映了投资与 GDP 之间的关系。投资率反映了当年投资总量与 GDP 总量之间的比例关系，贡献率和拉动率则反映了当年投资增量与 GDP 增量之间的比例关系。投资贡献率在本质上决定于投资率，因此在某种程度上对投资率的分析也适用于投资贡献率。

2. 投资与 GDP 的关系

投资增加，必然会增加有效需求，由此引起经济增长或 CDP 增加。经济学家瓦西里·列昂惕夫（w.Leontief）被西方主流经济学界认为是投入产出分析方法的创始人。投入产出分析为研究社会生产各部门之间错综复杂的交易提供了一种实用的经济分析方法。列昂惕夫因发展了投入产出分析方法及这种方法在经济领域中产生的重大作用，从而备受西方经济学界的推崇。

实际上，马克思创立的剩余价值学说就是采取了投入产出的理论形式。根据剩余价值原理，资本家首先垫付一笔货币（称为垫付资本），实际上就是投入、预付。投入的货币资本分成两部分，其中用于购买生产资料的部分，称为不变资本；另外一部分用来购买劳动力，称为可变资本；垫付总资本为可变资本＋不变资本。如果不变资本和可变资本每年周转1次，那么资本在1年内投入的生产资料成本在数值上等于不变资本；1年内投入购买劳动力的成本即劳动者工资在数值上等于可变资本；1年内产出商品的价值即销售收入，则销售收入超过成本的部分，就是剩余价值。

西方主流经济学的投入产出理论正是基于马克思的剩余价值理论。在生产过程中投入两种要素：企业家投入货币资本，劳动者投入人力；资本和劳动者都从产出中获得回报：资本的回报是利润，劳动者的回报是工资。

一定的投资增量将会引起总收入和就业的连锁反应与联动作用，从而导致总收入的增量几倍于投资的初始值，这一倍数即为投资乘数。因此，在欧美主流宏观经济学里有不少关于"乘数"的概念，如投资乘数、消费乘数、政府购买乘数、货币乘数、税收乘数、外贸乘数等。可以看出，对投资乘数的正确估算将不仅使我们掌握经济运行的实际状态，也将对政府在调控经济中采取适当的政策产生积极意义。

（二）高投资率

消费是拉动经济增长的主要动力，投资是经济增长的重要拉动力。高投资率有其必然性、合理性和积极作用。从一个较长时期看，高投资率是带动经济增长、增加财政收入、扩大就业的重要手段。较高的投资率是一个国家经济腾飞必不可少的重要条件之一。另外，只有在一定阶段具有高投资率，才有可能为消费结构明显升级提供积累。

虽然高投资率有其必然性、合理性和积极作用，但高投资率仍有不合理和不可持续的一面。经济发展最终目的是消费，而不是单纯的投资，从长远看，投资增长过快，消费增长过慢，会加大资源约束与环境保护的压力。必须加快转变增长方式，以提高投资的效益，合理调整投资与消费两者之间的比例关系。

二、消费与经济增长

经济的增长最终要靠消费拉动。在消费市场不断趋向成熟的过程中，居民消费率逐渐趋向黄金结构。经济增长最终要靠消费拉动。在通常情况下，消费与居民收入水平呈正相关。中国的消费潜力巨大，市场具有无限性。但是，如何才能提高人均收入，如何才能将巨大的潜在需求变为市场的现实，这些问题却显得非常复杂。

（一）消费率

消费率（又称最终消费率），通常指一定时期内最终消费（总消费）占国内生产总值的比率，一般按现行价格计算。用公式可表示为：

$$消费率 = \frac{最终消费}{支出法\ GDP} \times 100\% \qquad (2-6)$$

其中，最终消费包括居民消费和政府消费。

社会上有些人使用社会消费品零售总额代替最终消费，用生产法 GDP 代替支出法 GDP 来计算消费率，但这种方法存在低估消费率的问题。这是因为社会消费品零售总额与最终消费存在较大差异，它仅反映了最终消费中的商品性货物消费，而不包括服务性消费、实物性消费、自产自用消费及其他虚拟消费，因此不能全面反映生产活动最终用于最终消费的总量。

消费率反映了生产活动的最终成果用于最终消费的比重。通过研究消费与生产之间的关系，我们可以深入了解经济增长的类型和运行质量，揭示经济发展的规律。因此，在计算消费率时，应该使用更准确、全面的数据，以便更好地评估经济发展的实际情况，并采取相应的政策措施来促进经济的健康增长。

（二）恩格尔系数

恩格尔系数，是指食品支出总额占个人消费支出总额的比重，用公式表示：

$$恩格尔系数 = \frac{实物支出总额}{总支出总额} \times 100\% \qquad (2-7)$$

德国统计学家恩格尔根据统计资料，总结出了一个消费结构变化的规律：一个家庭收入越少，家庭收入中（或总支出中）用来购买食物的支出所占比例就越大，随着家庭收入的增加，家庭收入中（或总支出中）用来购买食物的支出比例则会下降。简单而言，一个家庭的恩格尔系数越小，就说明这个家庭经济越富裕。反之，如果这个家庭的恩格尔系数越大，就说明这个家庭的经济越困难。除食物支出外，衣着、住房、日用必需品等的支出，在不断增长的家庭收入或总支出中，所占比重上升一段时期后，呈递减趋势。推而广之，一个国家越穷，每个国民的平均收入中（或平均支出中）用于购买食物的支出所占比例就越大，随着国家的富裕，这个比例呈下降趋势。国际上常常用恩格尔系数来衡量一个国家和地区人民生活水平的状况。

三、对外贸易与经济增长

人们习惯称进出口是拉动经济增长的马车之一，实际上，在全球统一的经济场中，一国的出口相当于投资，进口相当于消费。这里我们仍然按照通常的习惯来研究进出口与一国经济增长的关系。国际上通行的计算外贸依存度的方法是计算一国进出口贸易总额占国内生产总值（GDP）的比重，它通常用来衡量一国或一地区的经济对国际市场的依赖程度。外贸依存度同时考虑进出口因素，都是我们分析中国经济外向情况的一个方面。有些经济学者在计算外需对中国经济的拉动作用时，认为只有净出口才算是外需，得出中国的外需对中国 GDP 贡献不大，他们认为这只不过是大进大出，真正的外需（净出口）对 GDP 的贡献很少。

仅计算出口对经济的影响显然是不全面的，实际上是进口也对经济有极大的影响。但是进口对于经济的影响不能简单从数字来分析，需要分析进口结构，譬如进口的是附加值高还是附加值低的产品，对此会有不同的增长结论。中国经济的增长有许多影响因素，对外贸易只是其中的一个因素。

（一）对外贸易及其表现形式

对外贸易或国际贸易是指世界各国之间货物和服务交换的活动，是各国之间分工的表现形式，反映了世界各国在经济上的相互依存。从国家角度可称为对外贸易，从国际或世界角度可称为国际贸易或世界贸易。就各国而言，对外贸易最通常的表现形式就是进出口。

全球化促使世界市场的形成，促进了国际交换的发展。世界交换的迅速发展，导致了世界货币的出现。只有对外贸易，只有市场发展为世界市场，才能使货币发展为世界货币。随着国际贸易和国外投资的发展，逐步形成了适应于资本主义生产方式的国际货币体系，最后形成了资本主义经济体系和相应的经济秩序，为国际贸易的发展奠定了基础。与此同时，随着商业资本的发展和国家支持商业资本政策的实施，产生了从理论上阐述这些经济政策的要求，逐渐形成了重商主义理论。

（二）国际贸易存在的主要原因

国际贸易存在的原因很多，但主要表现在以下方面。

（1）各国的生产要素供给存在差异。世界各国由于各自的先天条件不同，所以生产要素的供给状况也不尽相同。各国产品所需投入的要素比例又存在差异，有些产品需要集中使用土地，有些产品需要密集使用资本，有些产品需要大量劳动力，还有些产品则需要高科技含量。因此，土地丰富的国家，有利于发展土地密集型产品，如种植业和畜牧业；资本和技术丰富的国家，有利于生产资本和技术密集型产品，如汽车和计算机；而劳动力资源丰富的国家，有利于生产劳动密集型产品。

（2）由于制度、文化等贸易壁垒，国际生产要素缺乏流动性，生产要素在国与国之间不像在一国内部那样容易流动，所以才会发生商品和劳务的国际贸易，以弥补国际生产要素相对缺乏流动性的不足。

（3）各国的科学技术存在差异。由于各种原因，世界各国的科学技术水平有高有低，技术水准高的国家有利于生产技术密集型产品，而技术水准低的国家凭借现有技术根本无法生产或必须花费巨大的代价才能生产某些产品，因此唯有通过国际贸易，以彼之长补己之短，才能促进经济繁荣，提高生活水平。

从历史的角度来看，国际贸易是市场化的进一步发展。市场化的水平是随着社会的不断发展而逐步提高的。在封建社会，市场只是局部的，而随着资本主义商品经济的发展，市场化水平的不断提高。目前，随着经济的全球化及非市场经济国家的逐步对外开放，世界正在向统一市场逐步迈进。尽管距离真正世界统一的市场还比较遥远，但是，从整体上来看，世界各国之间的市场统一化态势已经基本形成。

第二章　经济的可持续发展研究

第一节　中国绿色经济发展研究

一、中国发展绿色经济的探索

绿色经济是一种遵循"开发需求、降低成本、加大动力、协调一致、宏观有控"的五项准则，并能够实现可持续发展的经济形态。它既可以指具体的微观单位经济，也可以是一个国家的国民经济，甚至是全球范围的经济。

绿色经济以资源节约型和环境友好型经济为主要内容，具有资源消耗低、环境污染少、产品附加值高、生产方式集约的特点。这种经济形态综合性强，覆盖范围广，能够带动一大批新兴产业的形成和发展，有助于创造就业和扩大内需，是推动经济摆脱危机和实现稳定增长的重要支撑。

同时，绿色经济以资源节约和环境友好为重要特征，涵盖了低碳经济、循环经济和生态经济等高技术产业。这种经济形态有利于转变传统的高能耗、高物耗、高污染、高排放的发展模式，推动经济向集约化和可持续发展方向转变。因此，发展绿色经济对于实现经济的高质量发展、提升经济竞争力具有重要意义。

绿色科技创新是发展绿色经济的重要支撑和保障。为此，应当大力推进绿色科技创新体系建设。

首先，需要加快形成充满活力的绿色科技工作机制。这包括通过各种政策手段，引导社会力量投资和参与绿色技术和产品的研发与推广。企业应真正成为绿色科研开发投入主体、技术创新主体和科研成果应用主体，积极构建以企业为主体、市场为导向、产学研相结合的创新体系。

其次，需要积极构建科研与人才培养有机结合的知识创新机制。这意味着要推进绿色科技的基础研究、共性技术研究和前沿技术研究，形成一批学科优势明显的研究基地和创新团队，争取在一批重点领域和关键环节有所突破。同时，要开展国际合作交流，学习借鉴国外先进的绿色发展经验和理念，通过绿色技术与设备的引进、消化、吸收、再创新，不断增强我国绿色自主创新能力。

再次，推动绿色经济健康发展，还必须结合我国国情和发展实践，借鉴发达国家的经验和教训。这需要进一步构建科学合理的激励和惩戒机制，对符合绿色发展要求的产业和项目给予政策支持，同时对落后产业采取更为严格的惩戒措施，分类指导、有保有压，科学发挥市场引导和宏观调控的积极作用。

最后，需要完善绿色经济发展的法律保障体系和政策保障体系。这包括加快推动与绿色经济发展相关的立法工作，处理好相关法律法规之间的衔接与协调，逐步构建系统、完善、高效的绿色经济发展的法律体系。同时，要建立反映市场供求关系、资源稀缺程度、环境损害成本的生产要素和资源价格形成机制，充分发挥市场对绿色经济发展的基础性作用，制定科学合理的政府采购和补贴政策，健全绿色投资政策，采取双向激励政策，调动地方政府、企业和社会发展绿色经济的积极性。

中国发展绿色经济的新探索既是基于世界各国对绿色经济发展探索的全球背景，也是基于过去几十年中国发展绿色经济的已有探索成果。中国绿色经济是在可持续发展框架下进行的，是可持续经济的实现形态和形象概括。其本质是以生态经济协调发展为核心的可持续发展经济。

在当代中国，以经济建设为中心是兴国之要，发展仍是解决我国所有问题的关键。我们相信，只要我们始终高举科学发展的旗帜，将生态文明建设的理念、原则、目标深刻融入和全面贯彻到我国经济、政治、文化、社会建设的各方面和全过程，通过发展绿色经济，促进生产方式和生活方式的根本性变革，推动经济、社会、生态实现绿色发展、循环发展、低碳发展，我们一定能够共建绿色中国，共创生态文明，共享美好未来。

二、中国发展绿色经济的主客观条件

中国发展绿色经济的主观条件是坚持党的基本路线，客观条件是转变经济发展方式和供给侧结构性改革。在主客观条件的影响下，中国绿色经济才能实现又好又快地发展。

（一）中国处于经济发展的转型期

绿色经济与传统经济发展模式最大的区别在于经济发展方式的转型。这一判断基于发达国家的经验和对我国经济发展过程中存在问题的思考。改革开放以来，中国取得了举世瞩目的经济发展成就，但同时也付出了环境、资源和生态方面的代价。

未来，减少资源浪费、提高资源利用率、修复和保护生态环境是我国经济发展的必然要求。因此，转变经济发展方式成为保持我国经济可持续发展的必然选择。顺应未来经济社会的发展规律和客观要求，实现经济的可持续增长、生态、资源和环境的可持续利用是关键。改革开放40多年来，我国已取得了世界领先的产量成就，但面临产能过剩等问题，需要加快提高产品质量，实现经济高质量发展。

（二）中国的发展战略要坚持党的基本路线

改革开放以来，党和国家工作的重心一直是经济建设，坚持四项基本原则和改革开放政策。然而，我国面临的主要矛盾已经发生了转变，由过去的社会主要矛盾转变为人民日益增长的美好生活需要和不平衡不充分的发展之间的矛盾。当前，人民对美好生活的需求不仅包括物质文化生活方面的要求，还包括对民主、法治、公平、正义、安全、环境等方面的需求，呈现出日益增长的趋势。虽然我国社会生产力水平总体上有所提高，但城乡、区域、收入分配等方面的不平衡不充分问题仍然存在，成为制约满足人民日益增长的美好生活需要的主要因素。

这种矛盾的变化对党和国家工作提出了新的要求。尽管主要矛盾发生了变化，但并没有改变我们对我国社会主义所处历史阶段的判断。未来中国继续坚持党的基本路线，这就直接决定了发展绿色经济新探索的总体思路。

要解决当前的主要矛盾，就需要加快转变经济发展方式，满足人民日益增长的美好生活需要。这意味着必须着力解决城乡、区域、收入分配等方面的不平衡不充分问题，推动经济发展向更加平衡、协调、可持续的方向转变。只有这样，才能更好地实现社会主义初级阶段的奋斗目标，为实现全面建设社会主义现代化国家的宏伟目标奠定坚实基础。

三、中国绿色经济发展新常态

（一）人与自然和谐发展

1. 充分发挥政府的作用

人与自然的和谐共生是一个非常根本的理念性作用，要有度有序地利用自然资源，调整优化空间结构，划定农业空间和生态空间的保护红线。自然资源、生态空间是有限度的，不是无限度地扩展，现在可以根据科学的方法来确定生态的红线，即生态的上线，我们就应该按照红线的规定来进行经济生产活动，要通过红线来构建合理的四大空间格局，即城市化格局、农业发展格局、生态安全格局、自然岸线格局。设立统一规范的国家生态文明试验区，例如，生态环境部建立了国家生态文明试点示范区；国家发展改革委、财政部、自然资源部、水利部、农业农村部和国家林业和草原局六部委建立了国家生态文明先行示范区；水利部建立了国家生态文明建设试点市；国家发改委、财政部和国家林业和草原局三部委确定了西部地区生态文明示范工程试点；国家海洋局建立了海洋生态文明示范区。

2．根据资源环境的承载力调节城市的规模

根据资源环境的承载力调节城市的规模是发展绿色经济的一个重要要求。优化城市空间布局和形态功能，确定城市建设约束性指标。按照严控增量、盘活存量、优化结构的思路，逐步调整城市用地结构，把保护基本农田放在优先地位，保证生态用地，合理安排建设用地，推动城市集约发展。

3．依托山水地貌优化城市形态和功能

依托山水地貌特征来优化城市形态和功能，实施绿色规划、绿色设计和施工标准。特别典型的例子是各个城市都在建摩天大楼，而摩天大楼都是千篇一律的玻璃幕墙，其实玻璃幕墙并不适合中国的气候，当时玻璃幕墙是在德国、法国这些国家推广，这些国家处于欧洲中部和北半球偏北的地方，他们有着典型的地中海区域的气候特征，冬天比较冷，夏天不太热，这种气候条件特别适合玻璃幕墙，夏天不用开空调，所以玻璃幕墙的整体成本不太高；而冬天天气比较冷，玻璃幕墙可以起到保温、吸收阳光、采光好的作用。但中国的夏天普遍高温，玻璃幕墙吸收了更多的热量，导致现在的建筑能耗非常高，都需要大型的中央空调来给玻璃幕墙的建筑进行降温，所以，这就不太符合中国城市的要求和形态。

4．推动传统制造业的绿色清洁与改造

推动传统制造业的绿色清洁与改造，是实现经济高质量发展、构建资源节约型、环境友好型社会的重要举措。传统制造业在中国经济中占据重要地位，但其长期以来高耗能、高排放的发展模式已经成为制约经济可持续发展的重要因素。为了应对日益严峻的环境挑战，提升生产效率，实现资源利用的最优化，推动传统制造业的绿色清洁与改造势在必行。

第一，推动绿色技术与创新。通过加大对绿色技术研发的支持力度，鼓励企业加大在环保、节能、清洁生产等方面的技术创新投入。政府可以建立专项资金，支持企业开展环保技术改造，促进清洁生产工艺与设备的研发应用。同时，建立绿色技术创新平台，推动产学研合作，促进科研成果的转化和应用。

第二，加强环境治理与监管。政府应当建立健全环境保护法律法规和标准体系，加大对传统制造业环境违法行为的打击力度，督促企业加强环境保护投入，推动企业依法治理污染，减少排放。同时，建立健全环境监测与信息公开制度，加强对排污企业的监管，及时公开相关数据，强化舆情监控，促进企业实现环境自律和诚信经营。

第三，推进绿色生产与循环经济。鼓励企业采用清洁生产技术和节能环保设备，降低生产过程中的能耗和排放，实现资源的高效利用和循环利用。政府可以通过税收优惠、财政补贴等政策手段，引导企业开展绿色生产，建设绿色

工厂和绿色供应链。同时，加强废弃物资源化利用和再生利用，推动循环经济的发展，减少资源浪费和环境污染。

第四，促进产业升级与转型。鼓励传统制造业向高端、智能、绿色方向发展，加快技术装备更新换代，提升产品质量和附加值。政府可以制定产业政策，支持企业进行技术改造和设备升级，培育壮大绿色产业集群，提升企业的竞争力和可持续发展能力。同时，加强产业转型与升级的政策引导，引导传统制造业向绿色、低碳、循环的发展方向转型，实现产业结构优化和经济转型升级。

第五，加强国际合作与交流。借鉴国际先进经验，加强与国际组织、发达国家和地区的合作，推动技术转移和创新合作，共同应对全球环境挑战。同时，加强国际标准与认证的对接，提升中国绿色产品的国际竞争力，拓展绿色清洁技术和产品的出口市场，实现经济可持续发展与环境保护的双赢。

推动传统制造业的绿色清洁与改造是实现经济高质量发展、保护生态环境的重要举措。政府、企业和社会各界应共同努力，加强政策支持和创新投入，推动传统制造业实现绿色转型，为建设资源节约型、环境友好型社会作出积极贡献。

5. 培养公民自觉的环境保护意识

培养公民自觉的环境保护意识是实现可持续发展的关键一环。环境保护不仅是政府和企业的责任，更是每个公民应该承担的义务。通过教育、宣传、法律法规等多种手段，可以有效地培养公民自觉的环保意识。

第一，加强环境教育。环境教育是培养公民环保意识的基础。学校应该把环境教育纳入课程体系，从小培养学生的环保意识和环境责任感。教育部门可以组织开展环境保护主题的讲座、活动和实践课程，引导学生亲近自然、了解环境问题，培养他们保护环境的习惯和行为。

第二，加强媒体宣传。媒体是影响公众意识的重要力量。各类媒体可以开展环境保护专栏、节目和报道，宣传环境保护的重要性，普及环保知识，传播环保理念。通过媒体的力量，提高公众对环境问题的关注度，引导公众形成良好的环保习惯和行为。

第三，强化法律法规的宣传和执行。政府部门应加强环境法律法规的宣传力度，提高公众对环保法律的了解和遵守意识。同时，要加大环境执法力度，严惩环境违法行为，形成威慑效应，增强公众对环保法律的信心和尊重。

第四，倡导绿色生活方式。公民可以通过改变自己的生活方式，减少对环境的负面影响。比如，减少使用一次性塑料制品，节约用水用电，选择环保型交通工具，倡导垃圾分类等。通过实际行动，树立榜样，带动身边的人积极参与到环保行动中来。

第五，鼓励社会参与。政府、企业和社会组织可以共同举办环保活动，动员社会各界积极参与环境保护工作。比如，开展环保义工活动、组织环境保护宣传展览、设立环保奖励基金等，鼓励和奖励那些为环境保护作出贡献的个人和组织。

第六，建立健全的环保监督机制。公众应当拥有监督环保行为的权利，可以通过举报、投诉等途径，监督企业和政府的环境保护行为。政府部门应当建立健全环保监督制度，及时回应公众的关切和诉求，保障公众环保权益。

培养公民自觉的环境保护意识是实现可持续发展的关键。通过教育、宣传、法律法规、绿色生活方式、社会参与等多种手段的综合运用，可以有效地提高公民的环保意识和行动力，共同为建设美丽中国贡献力量。

（二）加快建设主体功能区

加快建设主体功能区是实现区域协调发展、优化空间布局的重要举措。主体功能区是指在国家战略部署下，按照各区域的自然条件、资源禀赋、经济发展水平和生态环境状况，划分出的具有不同功能定位和发展任务的区域范围。

第一，加快建设主体功能区可以促进经济转型升级。不同区域具有不同的产业基础和发展潜力，因此，通过合理划分和明确功能定位，可以更好地发挥各地区的比较优势，推动产业结构调整和优化升级，提升整体经济发展水平。

第二，加快建设主体功能区有利于优化资源配置。各地区资源禀赋存在差异，有些地区资源丰富，有些地区资源短缺，通过建设主体功能区，可以根据资源分布情况和环境承载能力，合理配置资源，实现资源的高效利用和可持续发展。

第三，加快建设主体功能区可以促进区域协调发展。不同区域之间存在着发展不平衡的问题，一些地区经济发展相对滞后，社会服务水平较低。通过明确功能定位，加大对主体功能区的支持力度，可以促进区域间资源要素的流动和优化配置，实现各区域间的协调发展。

第四，加快建设主体功能区对生态环境保护具有积极意义。主体功能区划分是在生态保护和经济发展之间寻求平衡的过程，可以通过划定生态保护红线、推动生态修复和保护、加强环境治理等方式，实现生态环境的可持续发展和生态安全保障。

第五，加快建设主体功能区有助于提升国家整体竞争力。作为国家战略布局的重要组成部分，主体功能区建设涉及国家整体发展大局，可以有效推动区域协同发展、提高国家综合竞争力，在国际竞争中占据更有利的地位。

加快建设主体功能区是一项系统工程，涉及经济、社会、生态等多个领域，对于促进经济转型升级、优化资源配置、促进区域协调发展、保护生态环境和提升国家整体竞争力具有重要意义。需要政府部门、企业和社会各界共同努力，积极参与主体功能区建设，共同推动区域发展迈向更加健康、平衡和可持续的方向。

（三）推动低碳循环发展

1．推进交通运输业的低碳发展

推进交通运输业的低碳发展是应对气候变化、降低碳排放、促进可持续发展的重要举措。为实现这一目标，需要从多个方面采取行动。

首先，加快推进交通工具的技术升级和能源结构调整。发展电动汽车、混合动力汽车等新能源汽车，减少传统燃油车辆的使用，是实现交通运输低碳发展的重要路径。同时，推动研发更加节能环保的船舶、飞机等交通工具，提高能源利用效率，减少碳排放。

其次，优化交通网络和城市规划，促进公共交通和非机动车出行。加大对公共交通的投入和支持，建设更加便捷、高效、环保的城市交通系统，鼓励居民选择步行、骑行等绿色出行方式，减少汽车使用量，降低碳排放。

最后，推动交通运输行业的绿色创新和智能化发展。利用信息技术、大数据等手段，优化交通管理和运输组织，提高交通运输效率，减少拥堵和能源消耗，降低碳排放。同时，鼓励发展共享交通、智能交通等新型交通模式，推动交通运输业向智能、绿色方向转型升级。

此外，加强交通运输业的碳排放监测和管理，建立健全的碳排放核算体系和监管机制，制定相应的政策措施，激励企业采取减排措施，实现减少碳排放目标。

推进交通运输业的低碳发展需要政府、企业和社会各方共同努力，通过技术创新、政策支持、管理监管等多种手段，促进交通运输业的转型升级，实现碳排放的有效控制和减少，为可持续发展和生态文明建设作出贡献。

2．加强对高耗能产业的管控

高耗能是指在生产过程中耗费大量的能源，比如煤、电、油、水、天然气等。主要涉及电解铜、电解铝、石油加工、炼焦、化工、铜冶炼、铁合金、电石、烧碱、水泥、钢铁、黄磷、锌冶炼等13个高耗能行业。高耗能产业一方面过度消费了资源，另一方面给环境造成了比较大的污染。要主动控制碳排放，加强高耗能产业的管控，有效控制电力、钢铁、建材、化工等重点行业的碳排放，支持优化开发区域，实现碳排放峰值的目标，实施近零碳排放区域的示范工作。

3．推行企业循环式生产与改造

中国要实施循环发展引领计划，要推行企业循环式的生产和产业循环式的组合，园区循环式的改造，要减少单位产出的物质消耗，加强生活垃圾分类回收和再生资源回收的衔接，包括现在一个重要的问题是，中国推行了很多年的垃圾回收制度，一直还全面实施起来，这需要我们进一步推广，推进生产系统和生活系统的循环链接。

国家发改委公布的《循环发展引领计划》指出，要初步形成绿色循环低碳产业体系，实现企业循环式生产、产业循环式组合、园区循环式改造。全面推行循环型生产方式，单位产出物质消耗、废物排放明显减少，循环发展对污染防控的作用明显增强。同时，还要基本建立城镇循环发展体系，构建新的资源战略保障体系，形成绿色生活方式等。其中，企业循环式生产包括推行产品生态设计，选择重点产品开展"设计机构＋应用企业＋处置企业"协同试点，推广"3R"（减量化、再利用、再循环）生产法，发布重点行业循环型企业评价体系。

（四）全面节约和高效利用资源

观念决定行动，行动决定出路。因此，为了推动绿色经济发展，我们必须树立节约集约循环利用的资源观念，并采取切实行动加以落实。在这一过程中，强化约束性指标的管理尤为重要，包括实施能源、水资源、建设用地等总量的强度和总量的双控措施。

除了国家层面的政策支持和引导，普通民众的节水、节能意识也至关重要。因此，应实施全民节能计划，提高节能、节水、节地、节材、节矿标准，开展能效、水效领跑者引领行动。这意味着要严格控制水资源总量，国家应该提出实行最严格的水资源管理制度，建设节水型社会，合理制定水价，编制节水规划，推进雨水利用、再生水利用、海水淡化工程等。国家也应该重视地下水资源管理，建设国家地下水监测系统，开展地下水超采区的综合治理。

此外，建立健全用能权、用水权、排污权、碳排放权的初始分配制度，创造有偿使用、预算管理、投融资机制，培育和发展交易市场，推进合同能源管理和合同节水管理。通过市场化手段来推进环境保护与资源保护，将是实现绿色经济的重要途径之一。这些措施将有助于提升资源利用效率，减少资源浪费，推动经济社会的可持续发展。

第二节　中国低碳经济的发展研究

一、低碳经济的内涵

人类经济发展的状态大致上经历了农业经济、工业经济与信息经济。低碳经济的内涵与其他经济形态有所不同，并且随着低碳经济的开展，人类对低碳经济的认识不断加深，且低碳经济的内涵也在不断深化。

（一）低碳经济的内涵

低碳经济最初出现于英国的能源白皮书《我们未来的能源——创建低碳经济》。这本白皮书不仅在人类历史上首次提出低碳经济的概念，而且对低碳经济的内涵给予了一定程度的揭示。白皮书指出，迫于气候变暖的压力，减少碳排放是必然的选择。追求产量最大化的人类经济活动需要在对环境更少污染、对自然资源更少消耗的约束之下进行，低碳经济的目的是提高人类生活质量。由此可见，低碳经济的字面含义蕴含着低碳经济的出发点和基本目的，这是与以往经济发展形态认定的不同之处。在低碳经济的概念被提出之后，由于其顺应了世界发展的潮流，因而得到了欧洲国家的普遍关注，在全世界迅速传播。

低碳经济就应该改变以化石能源为基础的能源结构，在提高化石能源利用效率的同时，发展清洁能源、低碳能源。低碳经济的核心是能源技术使用上的创新。通过技术进步，扩大能源的使用范围；通过低碳、无碳能源的使用，在发展经济的同时，实现碳排放的降低，从而改善大气的构成。低碳经济的目的是最大限度地降低碳排放，减缓全球气候变暖的速度。在此前提下，通过技术创新实现经济和社会的清洁发展与可持续发展。

低碳经济是以改善大气构成为目的，追求低碳排放、无碳排放的经济形态。社会资源的配置要按照低碳排放的要求来进行，低碳经济是一系列保证低碳排放、无碳排放的经济制度、政策设计、生产方式、消费方式的总称。

（二）低碳经济与循环经济的关系

1. 循环经济的起源

循环经济的概念最早起源于发达国家，代表着一种新型的经济发展理念。从时间上看，循环经济的出现早于低碳经济的概念提出和发展。其产生背景主要包括两个方面：

首先，20世纪50年代，已经完成工业化进程的西方发达国家开始面临由工业化发展过程中"先污染、后治理"所带来的严重环境污染问题。为了解决这一挑战，这些国家开始探索一种可持续发展的经济模式，即循环经济。循环经济强调将资源的利用与环境保护相结合，通过资源的循环利用和再生利用，最大限度地减少对自然环境的破坏，实现经济增长与环境保护的双赢。

其次，20世纪70年代爆发的能源危机使人们意识到资源短缺对经济发展的制约。这一危机迫使人们重新审视资源的有限性，寻求更加可持续的发展路径。在这种背景下，循环经济理念逐渐得到关注和重视，人们开始积极探索资源永续利用的途径和方法，以应对资源短缺和环境压力的挑战。

因此，循环经济的产生既受到环境污染问题的影响，也受到能源危机的推动，是对传统线性经济模式的一种重要回应和改革。随着全球对可持续发展的重视不断增强，循环经济的理念和实践正在成为国际社会共同关注的焦点，为构建绿色、低碳、循环的经济体系提供了重要思路和路径。

2. 循环经济与低碳经济的联系和区别

循环经济和低碳经济都起源于发达国家，都是关于经济发展的理念，两者既有联系又有区别。在最终目标上，循环经济与低碳经济都追求人与自然的和谐发展，都追求经济发展的可持续性。但是，两者在最终目标上稍有差别，循环经济追求的是经济发展、资源利用和环境友好的经济发展模式，而低碳经济则是强调经济发展不能对气候变化产生显著的影响。在实现途径上，两者都强调对自然资源利用的高效性。循环经济主张通过提高投入的产出效率，以最小的投入（原料投入、人力投入、资本投入和环境成本等）取得最大的产量，在生产的过程中减少废弃物，强调物质的循环使用。实现低碳经济的主要途径则是通过改善能源结构，提高非化石能源在能源消费总量中的比重和化石能源的利用效率，减少温室气体的排放，削弱人类活动对气候的影响，增加碳汇集能力，恢复维系自然界大气平衡所需要的碳循环机制。从经济发展阶段上来看，循环经济是与人类的工业化和城市化过程密切相关的，是人类为了摆脱自然资源的制约而采取的经济发展模式。循环经济的发展是与工业化、城市化的过程相一致的，随着工业化和城市化的深入发展，循环经济的内涵、方式也将不断改变。低碳经济是在人类对化石能源的过度、无序使用造成全球气候变暖的情况下，为了改善大气条件，避免人类遭受自然灾难而采取的经济发展模式。低碳经济的提出始于21世纪初，在这一阶段人类的经济活动改变了大气的构成，增加了空气中二氧化碳的浓度，在人类面临气候威胁的情况下，为了全人类的共同福祉而提出的经济发展模式。低碳经济的关注点和重点领域在低碳能源和温室气体的减排上，这是低碳经济与循环经济的不同之处。

从循环经济与低碳经济的目标实现途径和发展阶段可以看出，低碳经济是循环经济发展在能源领域的自然延伸，低碳经济是循环经济发展的必然结果。虽然在不同的发展阶段，低碳经济与循环经济的关注点和重点发展领域有一定的区别，但是在特定的历史时期，特别是在气候变化对人类威胁上升的时刻，气候问题变成了影响人类发展的主要矛盾，循环经济与低碳经济具有高度一致性。

二、我国发展低碳经济的机遇与挑战

（一）我国发展低碳经济的机遇

20 世纪 70 年代以来，在改革的策略上我国采取了渐进的方式，试图在运用增量改革的方式带来经济增长的同时，不至于给社会带来较大的冲击，较好地解决了稳定与经济增长的关系。然而，多年来的经济发展给我国经济带来巨大成就的同时，经济发展方式并没有发生根本性的转变，经济发展仍然依靠物质投入和投资的拉动，人力资本和技术进步在经济增长中的贡献与作用相对有限，经济增长中的问题经过长期的累积已经给经济发展带来了负面的影响。随着时间的推移，改革逐渐进入攻坚阶段，如果深层次的问题不能得到有效解决，那么中国经济发展的步伐将被迫放缓。对于深层次的问题，仍然采取渐进式的、细枝末节式的改革，要想得到水滴石穿的效果必然耗费时间。在全球气候变暖的环境之下，我国需要尽快适应低碳经济的发展要求，加快经济增长方式的转变。在应对全球气候变暖的问题上，全世界人民的利益是共同的，中国有义务、有责任为全球气候变暖做出自己的贡献。低碳经济的发展已经上升为政治问题和外交问题，低碳经济发展的迫切性要求我国必须采取果断措施，扫除阻碍经济增长方式转变的绊脚石，突破长期以来制约我国经济增长的体制因素，以发展低碳经济的重要性来协调各方的利益和冲突。全球气候变暖从外部给我国转变经济增长方式带来了压力，而低碳经济的发展为又一次解放我国的生产力提供了机遇。

中国作为最大的发展中国家，其世界影响力日益增强。虽然我国拥有令全世界刮目相看的经济增长率，但是综合国力仍有待进一步提高。在资源品特别是主要能源（石油）方面的话语权有很大的欠缺，在世界能源分配格局中基本处于被动接受的地位。低碳经济的发展要求在世界范围内实行能源的多元化供应格局。化石能源的替代，可再生能源的使用将使我国实现能源供应的独立性，摆脱能源的国际依赖，为我国能源的安全发展提供历史机遇。

由于应对全球气候变暖的迫切性，虽然从目前来看并没有在全世界范围内实行碳排放的总量控制，但是随着全球气候变暖形势的日趋严峻，从总量上控制碳排放是直接决定全球气候变暖战役能否取得胜利的关键。可以预见，控制全世界范围内碳排放的总量为期不远。尽管各个国家在碳排放的分配上将会产生巨大的争议，但是出于对人权这一基本权利的考虑，按人口进行碳排放份额的划分将有很大的实现可能。果真如此，中国庞大的人口基数将为中国赢得碳排放总量的优势。虽然这种优势并不会凭空获得，中国将会付出代价，但是低碳经济的发展确实能为我国带来新的机遇。

（二）我国发展低碳经济的挑战

虽然，低碳经济的发展可能会给我国带来一定的机遇，但是我国发展低碳经济的挑战也是巨大的。中国政府公布了《中国应对气候变化国家方案》，提出了全球气候变化将给我国带来7个方面的挑战。挑战之一是经济发展模式。随着经济的发展，能源消费与二氧化碳的排放量必然要持续增长，减缓二氧化碳的排放量将使我国面临创新型的、可持续发展模式的挑战。挑战之二是能源结构。由于我国能源的供应特征是"富煤、贫油、少气"，因此煤是我国的主要燃料。然而，煤的碳排放很高，单位热量燃煤的二氧化碳排放量远高于石油和天然气，在发展低碳经济的情况下，对高碳排放燃料的限制使用将成为必然，我国的能源结构将面临挑战。挑战之三是能源技术的自主创新。我国能源生产和能源利用技术落后是能源利用效率低下、温室气体排放高的主要原因。在能源利用效率一定的前提下，为了保证生产，需要消耗更多的能源，需要排放更多的二氧化碳。能源生产和能源利用效率低下对低碳经济的发展构成巨大挑战。挑战之四是森林资源保护和经济发展。随着工业化、城市化进程的加剧，保护林地、湿地的任务加剧，压力加大。挑战之五是农业的发展。我国的农业经济并不发达，适应能力很低，在气候变化之下农业将面临较大的挑战。挑战之六是水资源的开发和保护。如何在气候变化的情况下加强水资源的管理，优化水资源的配置，加强水利基础设施建设，全面推进节水型社会的建设，保障人民用水安全，给我国的决策者提供了巨大的挑战。挑战之七是海平面上升所带来的海水入侵，海岸侵蚀等问题，这些问题对沿海地区的发展提出了挑战，需要在发展低碳经济的过程中有效解决。

应对气候变化，发展低碳经济给我国带来的挑战还表现在其他方面。我国是一个人口大国，首先要解决的是14亿多人口的温饱问题。这些问题的解决决定了我国必须保持一定的经济增长速度，因此首要问题仍然是经济增长的问题。虽然从长期来看，发展低碳经济可以促进经济增长，成为经济增长的动力，但是节能效率的提升、低碳技术的研发与商业化运用有相当长的路要走，这一切决定了低碳经济发展的长期性。然而，从我国国情来看，经过改革开放40多年的发展，我国经济取得举世瞩目成就的同时，也积累了大量的问题，这些问题必须通过经济增长来加以解决。经济增长对于我国的就业、各项社会事业的发展具有相当重要的意义。如何在发展低碳经济的长期任务和我国对经济增长的迫切依赖方面进行平衡，是发展低碳经济的一个主要挑战。

另外，我国发展低碳经济的挑战还在于如何克服长期以来对高能耗、高碳排放经济发展方式的路径依赖。改革开放以来，我国的工业化进程日益加快，工业化对改善人们的生活、促进社会的发展发挥了巨大作用。经过多年的发展，我国的工业化基础已经相当雄厚，这是我国国民经济能够得以快速发展的重要原因。然而，传统工业化是建立在高碳排放基础之上的，低碳经济就是要对这种生产方式进行根本性的变革。可以预见，高碳排放的工业化基础越是强大，发展低碳经济的困难也将越大。低碳经济的发展对碳排放的主要行业在短期内将形成巨大的冲击，出于自身经济利益的考虑，这些行业将通过多种方式和途径，与发展低碳经济的力量进行博弈，伺机维护自己的地位，使朝着低碳经济方向发展的产业升级计划延缓，对低碳企业、低碳技术产生相当强的抵制力，将造成我国经济增长对高碳排放的经济增长方式具有相当程度的路径依赖。克服这种路径依赖需要很强的智慧和决断力，这将是我国低碳经济发展的最大困难之一。

我国发展低碳经济的挑战还在于我国的市场经济体制并不健全。充分利用市场价格机制对资源的调节，理顺商品价格体系，特别是资源品的价格体系，对节能减排、发展低碳经济具有非常重要的作用。但是，近年来我国经济的复杂性程度有所增强，市场存在大量的流动性使得经济发展面临通货膨胀的压力较大，包括石油、煤炭和天然气在内的资源性商品的使用价格如果不能包括碳排放的成本，资源性产品的价格形成机制就不能充分反映资源稀缺程度、环境损害成本和供求关系，"污染者付费"的原则没有得到很好的落实，那么就会造成典型的市场失灵。如果资源品价格制度不改革，资源品的价格仍然较低，将很难从需求的角度遏制碳排放，这种情况会导致对以往高碳排放行业的维系以及对低碳行业、低碳技术的变相打压。但是，如果资源品的价格中包括了碳排放给社会造成的成本，资源品的价格上升的话，那么将会带来整个社会价格水平的上涨。在这种情况下，我国的经济又将面临通货膨胀的巨大压力。

第三章 农村经济的发展与创新策略

第一节 农村经济发展与管理

一、农村经济管理与基本经济制度

（一）农村经济管理

1. 农村经济管理原则

农村经济管理的原则是在确保农村经济稳定、可持续发展的基础上，促进农民生活水平提高、农业生产效率提升及农村社会和谐稳定。其主要原则包括：

（1）农民利益至上：保护农民的合法权益，以农民的发展需求和实际情况为出发点和落脚点，确保农民在经济发展中有获得感和获益空间。

（2）农村一体化发展：促进农村各个方面的协调发展，包括农业、农村产业、农村基础设施建设、生态环境保护等，实现农村经济全面发展。

（3）科技创新驱动：加强农村科技创新，推动农业生产方式转变，提高农业生产效率和质量，促进农业现代化和可持续发展。

（4）生态环境优先：注重保护和修复农村生态环境，推动绿色发展，建设美丽乡村，实现生态、经济、社会协调发展。

（5）政策支持导向：制定和实施有利于农村经济发展的政策措施，为农民提供良好的发展环境和政策支持，激发农村经济发展的内生动力。

（6）市场导向和多元化经营：鼓励农村经济多元化发展，培育和支持农村产业多样化，拓展农民收入来源，促进农村经济结构的优化和升级。

（7）公平公正原则：强调农村经济管理的公平性和公正性，保障农民的合法权益，防止资源和收益过度集中，促进农村社会和谐稳定。

2. 农村经济管理方法

（1）思想政治教育方法。思想政治教育方法是指通过对劳动者的思想教育和政治培训，以提高劳动者的工作积极性，从而保证经济管理工作的顺利进行所采用的方法。思想政治教育的内容包括：对党的路线、方针、政策的教育和形势教育，建设社会主义精神文明的教育，民主、法制和纪律的教育，爱国主义和国际主义教育等。思想政治教育方法也具有局限性，表现在：一是它的作用范围有局限性，这种方法不直接干预经济利益的分配，也不直接干预人们的经济工作活动，它对经济活动只有间接的决定作用；二是思想政治教育方法要在一定条件下才能发挥积极作用，不能脱离经济方法等其他管理方法的运用来起作用，尤其是物质利益问题；三是思想政治教育方法不能解决人们所有的思想意识问题，特别是经济工作中遇到的某些社会心理问题，需要与其他方法结合使用，才能起到更好的效果。

（2）行政方法。行政方法是管理主体利用行政权力，通过行政命令、指示、决议、规定、指令性计划和规章制度等手段，直接控制组织和个人行为，以实现管理目标的方法。管理主体是指国家在乡村设立的各级经济管理机关，如乡镇政府、村委会等。行政方法在实践中依法运用，遵循行政法规，针对具体事项作出必要决策和处理，以维护社会秩序、保障公共利益、促进经济发展。行政方法具有强制性和效率性的特点，能够迅速有效地调整和引导社会资源配置，推动乡村经济管理工作的顺利开展。

（3）经济方法。经济方法是依据客观经济规律，通过经济组织运用各种经济手段对经济活动进行管理的方法。经济组织包括企业、专业公司、联合企业、银行等，是在社会分工和生产力水平基础上建立的，以满足社会需求并与技术经济联系紧密。经济手段则涵盖了价格、税收、信贷、补贴、工资、奖金、罚款等经济杠杆，以及经济合同、责任制、核算等经济措施。经济方法的核心在于贯彻社会主义物质利益原则，正确处理国家、企业和劳动者个人之间的关系，以激发企业和劳动者的积极性，使其关注劳动成果，并在物质利益上得到充分体现。

（4）法律方法。经济管理的法律方法是指动用各种经济法律、法规和经济司法工具，调整国家机关、企事业单位和其他社会组织之间以及它们与公民之间在经济活动中所发生的各种经济关系，保证社会经济活动顺利发展的方法。法律方法的基本特点是权威性、规范性、强制性、稳定性。用法律方法管理经济包括两方面内容，即经济立法和经济司法。经济立法解决经济管理过程中有法可依的问题。经济法是我国法律的重要组成部分。但要做到有法必依、违法必究、执法必严，还必须有经济司法。经济司法，通常是指国家的司法机关按照经济法律和法规及法定程序和制度，解决经济纠纷、审理经济犯罪与涉外经济案件的执法活动，它通过各种侦查、调解、仲裁、起诉和审判的手段来保证各种经济法律和法规的实施。

上述各种管理方法既有区别，又有联系，在农村经济管理工作中，要因时、因地、因情进行选择，促不能孤立地使用，必须将各种管理方法有机地结合起来，相辅相成，实现最佳的结合，从而促进农村经济协调持续地发展。

（二）农村基本经济制度

1. 农村家庭联产承包责任制

家庭联产承包责任制是农村经济体制改革的产物。农村家庭联产承包责任制不是一般企业中的生产责任制度，也不是一个单独运行的经济实体，它是与合作经济中统一经营部分结合运行的一个经营层次，它是一个新的经营制度，是生产关系的重大变革，具体表现在以下方面。

（1）农户通过承包土地，对集体所有的土地有了占有权、支配权、使用权。家庭承包经营后，仍然保持着土地的集体所有制，农户所获得的仅是土地的经营权。善于经营的农户，可以在这个基础上积累资金，兴办企业，购买大型生产资料。但是土地的集体所有制保证了任何一户农民都有权承包土地，农户在其经营发生困难时会得到集体的帮助，使其得到发展。为了经营，承包地农户还购买了大量的工具、肥料等生产资料。合作社的生产资料所有制由过去单一的集体所有，转变为集体所有和家庭私有并存的形式。

（2）农户虽说是集体经济组织的承包单位，但它已具有法人地位，是具有经营决策权的独立经营、自负盈亏的生产者，具有积累资金和再生产功能的经营实体。在我国当前的农业生产中，家庭经营也只是集体经济组织的一个经营层次，它受集体统一经营层次的约束。

（3）集体统一的经营部分，仍然属于全体社员集体所有。集体内部的各农户之间、集体与农户之间的劳动交换关系，则变成了独立经营者之间的劳动交换关系。其是以商品交换的形式代替了直接的劳动交换关系。

（4）在分配关系上，随着改革的不断深入，集体统一经营部分除了实行按劳分配，还可以实行按资分配，家庭经营收入则决定于家庭经营成果。因为承包土地时，一般是按人口多少分配承包土地面积，所以经营成果既决定于投入劳动力的数量和质量，又决定于投资的多少。

2. 农村集体经济

农村集体经济是农民按照一定区域或自愿互利原则组织起来的，基本生产资料共有或按股份所有，在生产和交换过程中实行某种程度的合作经营、按劳分配和按生产要素分配相结合的所有制经济。发展壮大农村集体经济，需要做好以下方面的工作。

（1）优化农村集体经济发展环境。一是要建立和完善农村集体建设用地使用权流转制度，盘活土地使用权；二是要改进征地模式，确保农村集体经济发展空间；三是要建立健全集体经济积累机制。

（2）因地制宜，科学决策，以市场为导向选准集体经济的发展道路。要实事求是，采取多种形式；要因地制宜，不搞一个模式，要确定不同的发展路子。在发达地区及城市周边，应着力改善投资环境，盘活集体土地，开发工业区，引进外资兴办企业，以工业发展为主，实现工业拉动整个农村经济的发展；在自然条件较差的农区，应根据本地资源与市场需求，进行资源开发型发展，通过培植农业"龙头"企业，推进农业产业化。

（3）抓好基层组织建设，为集体经济发展提供组织保证。发展农村集体经济千头万绪，要建立一个强有力的好班子，集体经济才能搞起来。首先，配好配强村级班子；其次，加强对班子成员的培养和教育；最后，进一步完善激励机制，把发展村级集体经济纳入村干部目标责任制的主要内容，作为考核村干部的重要依据。

（4）探索一套好机制。发展壮大集体经济，要在体制机制上创新，在管理制度上完善。一是要大力发展股份制和股份合作制经济；二是要大力发展农民专业合作社；三是要营造一个好环境。

3. 统分结合双层经营体制

统分结合双层经营体制是指家庭分散经营和集体集中经营相结合的一种经营模式。双层经营体制可以分为两个经营层次：一层是"统"，即经济组织对生产经营的统一分配和调节，双层经营中的"统"的职能包括生产服务、管理协调、资金积累等功能；另一层是"分"，即家庭分散经营，农户作为拥有独立生产经营自主权的经营单位，它是一种适合中国农村改革需要，推动中国农村经济发展的经营体制。这种经营体制是在打破了原来的集体所有，集体集中统一经营的体制之后而建立的一种新型经营体制，它是以家庭分散经营为基础，集体集中统一经营条件下的一种经营体制。这一经营体制与农村原有的经营体制的根本区别就在于它具有双层经营的特征。

农村双层经营体制是中国农村经济改革的重要组成部分，其核心是以家庭承包经营为基础，在此基础上发展集体经济和农业合作化经营。为了进一步完善这一体制，充分发挥其潜力，以下是一些具体的完善措施。

第一，要大力发展集体经济，增强其统一经营的功能。通过发展壮大农村集体经济，可以更好地为家庭经营提供支持，促进农民增产增收。在发展集体经济方面，应根据当地实际情况采取超前思维、因地制宜的策略，以适应农村经济的多样性发展。

第二，要推行农业合作化经营。农业合作化经营是解决小农户与市场矛盾的重要途径。在实施农业合作化经营时，应以家庭经营为基础，采取多种合作形式，包括生产要素、经营环节和经营层次的合作，以实现资源优化配置和经营效益最大化。

第三，要实施适度的规模经营。适度的规模经营可以有效克服土地分散的问题，提高农业生产效率和劳动生产率。在适宜条件下，可以逐步实施规模经营，推动农业现代化发展。

第四，要大力推广农业产业化经营。通过农业产业化经营，可以实现农业内部各经营主体的合作与整合，实现产、供、销各环节的一体化，从而提高农业产业的竞争力和效益。在推广农业产业化经营时，应注重组织形式的多样化和市场需求的适应性，以保证经营活动的顺利进行。

第五，合理调整产业结构，积极兴办乡村企业，正确引导农村剩余劳动力充分就业。随着农产品市场竞争的日趋激烈，许多农产品在市场上已经接近或处于饱和状态，消费者对质量提出了越来越高的要求，农产品市场竞争也逐渐由价格竞争转向品质竞争，为此，应根据消费市场对农产品的需求趋势，积极投入人力、财力，开发不同用途的优质品种，来扩大市场的占有份额，增加农民收入。

总之，对双层经营体制的进一步完善是农村经济持续、快速、健康发展的基础，是进一步巩固农村改革成果的关键，是农业生产实现规模化经营的前提，是农村稳定，农民走向共同富裕的根本保证。同时，也只有对农村双层经营体制实行进一步完善，才能更好地坚持公有制，充分发挥集体的优越性和个人的积极性；才能更好地发展农业生产，增加农民收入，壮大集体经济；才能更好地引导农民走共同富裕的道路。

二、农村生产要素组合与配置

（一）农村生产要素的组合

1. 农村生产要素合理组合的意义

生产要素组合合理是指依据科学测定和长期生产实践经验将相关生产要素间量的比例关系和质的内在联系科学合理化组合起来，实现少投入多产出、效益最大化的管理活动。实现农村生产要素组合合理有以下积极意义。

（1）能够实现农村各种资源的充分利用。农村生产活动的进行，需要利用相应的各种资源，并进行组合。在这个过程中，必然要消耗资源、转化资源。对各种资源的消耗、转化，从经济管理的角度看，应该是以尽可能少的资源消耗、资源占用，取得尽可能多的劳动成果。而在一定技术经济条件下，各种资源的数量和质量都是一定的，即各种资源都有量的规定和质的规定，是相对不变的。怎样把有限的各种资源都利用起来，为农村经济建设服务是需要关注的问题。这就涉及对农村各生产要素的组合要合理，只有农村生产要素组合合理了，才能实现农村各种资源的充分利用。

（2）能够实现最佳的经济、生态和社会效益。衡量农村生产要素组合是否合理的重要标准是能否取得最佳的经济效益、生态效益和社会效益。同时，取得最佳的经济效益、生态效益和社会效益是农村生产要素合理组合的最终目标。在农村经济系统的运行中，只有把各种资源充分利用，并使各种资源进行有效配置，才能实现农村生产要素的合理组合，从而取得最佳的经济效益、生态效益和社会效益。

（3）能够对农村各种资源进行有效配置。农村各种资源包括劳动力、土地、科技、能源、信息和资金等，这些资源单独是无法实现产品生产的，只有把它们进行合理的组合，才能进行产品生产，生产出符合人类需要的产品来。而资源的组合是否合理，实质上是指各种资源配置是否有效。因此，农村生产要素合理组合就是要实现农村各种资源的有效配置，从而更好地利用农村各种资源，为农村经济建设服务。

2．农村生产要素合理组合的条件

生产要素组合的形式多种多样，但合理的组合是有条件的。合理组合生产要素的条件有以下方面。

（1）达到技术经济效果的最优化。衡量生产要素合理组合的标准是技术经济效果的最优化。农村经济活动的进行，不管是农产品生产，还是工业生产或是服务活动，必须就生产怎样的产品、如何生产、生产多少等问题进行决策。决策就需要占有大量的信息。在社会主义市场经济条件下，主要信息包括市场供求信息、同一产品的竞争信息、产品技术进步信息、国际公认的产品技术标准和安全标准等。信息是重要的生产要素，为微观主体的生产经营决策提供依据。并在运用信息进行科学决策后，通过管理活动，把各生产要素由孤立静止状态变成组合运行状态，发挥其生产功能，生产出满足社会需要的产品。

任何一种产品的生产，其生产要素的组合方式和数量比例关系是很多种的。不同的劳动者，不同数量和质量的机具设备，不同的原料、动力，不同的科技，不同的管理，不同的土地，等等，可以形成若干不同的组合方案。合理的方案必须先是生产技术上可行的方案，即产品的使用价值能够据此生产出来。但仅此是不够的，因为生产技术上可行的方案可能有许多。因此，还应有经济衡量标准，即通过生产要素的合理组合，以尽可能少的要素投入取得最大的经济效益才是最好的方案。经济效益越好，说明生产要素组合越合理。总之，在生产技术可行的基础上使经济效果最优化，是生产要素组合的技术经济衡量标准。

（2）充分调动劳动者的积极性与创造性。充分调动劳动者的积极性和创造性，是生产要素合理组合的重要前提。因为，先进的生产工具要靠人来发明并靠人操作；信息要靠人去收集、分析、利用；管理活动要靠人来决策、执行。在生产力诸要素中，人是起决定作用的因素。要使各生产要素的组合效果最优化，其前提是发挥劳动者的积极性、主动性和创造性。现代管理提出的"以人为中心"的管理理论，就是在充分认识劳动者在生产力诸要素中的主观能动作用后形成的一种管理理念。

调动劳动者的积极性和创造性是一个十分复杂的问题。在不同社会制度、在同一社会的不同阶段、在不同的具体工作环境中，劳动者的积极性和创造性或被压抑、或被发挥，表现出较大的差异性。如何激励劳动者的劳动热情，调动劳动者的积极性已成为经济学家、社会学家、心理学家，厂长、经理等共同关注和研究的问题。要激励劳动者，促进生产效率的提高，还需使劳动者在一些方面得到改善：工作上富有成就感、工作成绩得到认可和尊重、工作上自立、事业得到发展。这些方面的改善能够激发劳动者的积极性和创造性，从而提高劳动效率。

就农村农业劳动者而言，适合农村生产力水平的生产经营组织形式、是否尊重农民的生产主体地位和独立的经济利益、农村的方针政策、农产品价格水平、农民的收入水平等，都是影响农民从事农业生产的积极性和创造性的因素。如果这些因素处理得好，农民的生产积极性和创造性就高。只有劳动者的积极性、主动性和创造性被充分调动了，生产要素的合理组合才能实现。生产要素合理组合主要依靠人的主观能动性和创新性。基于这样的认识，便可得出人是社会生产力的决定因素的结论。

（3）促进生产要素的合理流动。生产要素的合理流动是生产要素合理组合的必要前提。社会资源的有限性和对社会资源需求的无限性的矛盾，要求必须发挥资源的最大效益，实现这一要求的基本做法就是在全社会范围内使生产要素能合理流动，即一个经济系统所需的资源能够从其他系统流入，一个系统剩余的资源又能够流出，这样才能使社会资源在不同的物质生产部门做到合理配置、人尽其才、物尽其用。

生产要素的合理流动、优化配置，要靠一种机制按照自然规律、经济规律的要求自动地进行有效调节。用怎样的调节机制与一定时期的经济管理体制有关。计划经济体制下，国家采用行政手段，用计划的形式对无所不包的社会供求进行统一安排，据此配置各种生产要素。社会主义市场经济体制是充分运用市场机制对要素资源配置发挥基础性作用，国家调控主要解决市场失灵的要素资源配置问题。市场机制作用的发挥主要是运用市场机制中的价格机制、供求机制和竞争机制使生产要素从低效益部门、行业、单位流向经济效益高的部门、行业、单位；从市场供求过剩的长线产品流向市场短缺的短线产品。在价格竞争中，经济效益好的部门、行业、单位占有优势，要素资源就会流向这些部门、行业、单位，如土地使用权的拍卖，谁报价高谁就拥有土地的使用开发权。因此，生产要素的合理流动是实现资源优化配置的前提，而市场机制是调节生产要素合理流动的基础。

3. 农村生产要素合理组合的内容

农村生产要素的合理组合不外乎是生产要素与产品之间的组合、要素资源与要素资源之间的合理配比、产品与产品之间的组合等。

（1）生产要素与产品之间的组合

①可控要素中的变动要素资源。参与生产过程的要素资源，有些是可以人为控制的。投入的方式、投入的时间、投入的数量可以视需要而定，这样的生产要素称为可控要素资源。如农业生产中的劳动力、种子、肥料、农药等。而气温、阳光、降水等目前人类无法控制的因素，就称为不可控要素资源。在生产中，人们对不可控要素资源的作用只能凭经验、凭知识从概率上把握其估计值，预测其影响范围，并尽量调节可控要素资源，使之与不可控要素资源协调起来，因势利导，扬长避短。在生产中，可控要素资源又有一个组合方式和量上的配比。

可控要素资源的组合方式和量上的配比，取决于人们的生产技术和经验，技术和经验不同，组合方式也不同。若在技术一定的条件下，对部分生产要素的投入量、投入方式已基本固定，只需考察其他几种或一种生产要素变动对产量的影响，就可以得出期望的结论。在进行技术经济分析时，为了使问题研究简化，常将一些要素资源投入量人为控制在某一固定水平上，而将少数几种要素资源视为变量进行研究，这些要素资源就称为可控要素资源中的变动要素资源。

②变动要素资源投入报酬的变化规律。因为固定要素资源投入量是不变的，也就不存在其对产量的影响。这里只要研究变动要素资源投入量的变化对产量的影响，就可以确定变动要素资源与固定要素资源的合理配比，获得技术经济效果最优时的变化要素资源投入量。研究变动要素资源与产量之间的数量关系，寻找变动要素资源投入报酬的变动规律，往往使用一种动态分析的方法，即让变动要素资源的投入量从平面直角坐标原点或是某一定量开始，每增加一个单位变动要素资源看产量相应增加（或减少）多少，从中找出投入产出关系的规律性，这种分析方法叫作边际分析法。每增加一个单位变动要素资源而增加或减少的产量称为边际产量，也称为边际报酬。将变动要素资源依次追加下去，可依据边际产量的变化情况看到变动要素资源报酬的变化趋势。

变动要素资源报酬有三种变化情况：一是边际产量不变，说明要素资源利用效率是固定的，不因投入量的改变而发生变化；二是边际产量递增，说明随着投入量的增加，要素资源效率提得越高；三是边际产量递减，即变动要素资源的不断投入反而引起产量出现递减。掌握变动要素资源的报酬规律，可以使我们以合理的变动要素资源投入获得最佳产品的产出量。

（2）要素资源与要素资源之间的合理配比

①互补要素资源与互竞要素资源。若两种或多种要素资源必须以固定比例才能投入生产过程，则称它们是互补要素资源。如果独立地增加其中某一要素资源或不能按比例同时增加与之互补的要素资源，产量就不可能提高，甚至会出现减少。有些资源功能相近，可以互相替代，如畜牧养殖业中的饲料，可以是玉米，也可以是小麦，那玉米和小麦则称为互竞要素资源。对于互补要素资

源必须准确地掌握它们的配合比例；对于互竞要素资源，就应进行费用、效益比较，选用那些价格低、效果好的要素资源。

②互竞要素资源最小成本配合。互竞要素资源是指一种产品的生产，既可以使用甲要素资源，又可以使用乙要素资源，那么甲、乙两种资源则称为互竞要素资源。功能相近的要素资源可以互相完全代替或部分代替。在互竞要素资源中，从要素资源的完全代替看，有些要素资源之间的代替比率是固定的；从要素资源的不完全替代看，有些要素资源之间的代替率是变化的。在要素资源的选择上，主要依据其价格和使用的数量进行对比，选用成本低的要素资源。

（3）产品与产品之间组合

①产品与产品间的关系。产品间的关系大体上可分为四类：a. 联合产品，是指不能单独生产出来，而必须在生产其他产品的同时生产出来的产品，如牛肉和牛皮就是联合产品；b. 互补产品，是指在要素资源数量既定时，增加甲产品的产量，而乙产品的数量仍保持不变，这两种产品即为互补产品，如利用竹林种植蘑菇，并不影响竹生长；c. 互助产品，是指以定量要素资源分别生产两种产品时，增加某一产品产量，另一产品产量同时也增加，这样的产品称为互助产品；d. 互竞产品，是指要素资源量一定时，增加甲产品的生产量，就必须要减少乙产品的生产量，则甲、乙两种产品称为互竞产品。研究产品与产品的组合，重点是研究互竞产品使用要素资源的合理配比。

②互竞产品的要素资源分配。在要素资源供应不足时，如何将定量要素资源分配于互竞产品是需要考虑的问题。通过边际收益均等原理，若将某项资源从甲种产品生产部门转到乙种产品生产部门时，只有当乙种产品生产部门边际收益高于甲种产品生产部门的边际收益时，这样的转移才有经济意义。

（二）农村生产要素的配置

1. 农村生产要素配置的原则

要使农村生产要素的配置具有良好的经济效益、社会效益和生态效益，应该坚持以下原则。

农村生产要素配置是指合理配置土地、劳动力、资金、技术等各种资源，以支持农村经济的发展。在农村生产要素配置中，需要遵循一些基本原则，以促进农村经济的高效运行和可持续发展。

首先，要坚持土地资源合理利用的原则。土地是农村最重要的生产要素之一，合理利用土地资源是保障农业生产的关键。这包括科学规划土地利用，合理布局农田和农村建设用地，保护好农田水利设施，防止土地过度开发和荒漠化，保持土地资源的生态功能和农业生产力。

其次，要重视劳动力资源的充分利用和合理配置。农村劳动力资源丰富，但也存在着结构性矛盾和流动性问题。因此，需要通过技能培训、职业教育等措施，提高农村劳动力素质和技能水平，实现劳动力的合理配置和充分利用。同时，要积极推动农民就业转岗，促进农村产业结构升级和劳动力转移。

再次，要优化资金资源配置，支持农村经济的发展。资金是农村生产要素配置中的重要组成部分，对于促进农村产业发展、提高农民收入至关重要。因此，需要通过各种渠道，向农村注入资金支持农村基础设施建设、农业科技创新、农村企业发展等方面，推动农村经济的持续增长。

另外，要注重技术资源的合理应用和推广。技术是农村生产力的重要支撑，对于提高农业生产效率、推动农村经济转型升级具有重要作用。因此，需要加大对农业科技研发的投入，推广先进适用的农业技术，提升农村技术水平，促进农业生产方式转变和增加农民收入。

最后，要注重生态环境资源的保护和可持续利用。农村生产活动对生态环境的影响较大，因此需要在生产要素配置中重视生态环境保护，推动绿色发展理念的贯彻落实，采取有效措施保护土地、水资源、生物多样性等生态环境资源，实现经济增长与环境保护的协调发展。

2. 农村生产要素配置的优化

农村生产要素配置的优化是指通过合理安排和管理土地、劳动力、资金、技术等各种资源，以最大限度地提高农村经济效益和可持续发展水平。优化生产要素配置不仅能够提高农村生产力水平，还能够促进农村经济结构调整、提高农民收入水平，实现农村经济的高质量发展。

第一，优化土地资源配置。农村土地资源是农业生产的重要基础，要通过土地整治、流转、集约利用等方式，优化土地利用结构，提高土地利用效率。可以通过实行土地流转政策，推动农村土地规模化经营，提高农业生产效率和土地利用率。同时，加强土地利用规划和管理，合理划分农田、林地、草地等不同用途的土地，确保土地资源的可持续利用。

第二，优化劳动力资源配置。农村劳动力是农村生产的重要动力，要通过技能培训、职业教育等方式，提升农村劳动力素质和技能水平，实现劳动力的结构优化和合理配置。可以通过发展农村产业，吸纳农村富余劳动力就业，推动农村产业结构调整，提高农民收入水平。

第三，优化资金资源配置。资金是农村生产的重要保障，要通过多种渠道向农村注入资金，以支持农村基础设施建设、农业科技创新、农村企业发展等方面，推动农村经济的可持续增长。可以通过发展农村金融，加大对农村小额信贷的支持力度，为农村产业发展提供资金支持。

第四，优化技术资源配置。技术是农村生产力的重要支撑，要加大对农业科技研发的投入，推广先进适用的农业技术，提升农村技术水平，促进农业生产方式转变和增加农民收入。可以通过建立农村技术推广服务体系，加强对农民的技术培训和指导，提高农村技术水平和创新能力。

最后，优化生态环境资源配置。农村生产活动对生态环境的影响较大，要注重生态环境保护，推动绿色发展理念的贯彻落实。可以通过制定和实施生态补偿政策，鼓励农民参与生态环境保护和恢复，保护土地、水资源、生物多样性等生态环境资源，实现经济增长与环境保护的协调发展。

优化农村生产要素配置是促进农村经济发展和实现可持续发展的重要举措。只有合理安排和管理土地、劳动力、资金、技术等各种资源，才能实现农村经济的高质量发展和社会可持续进步。

三、农村自然与土地资源管理

（一）农村自然资源的管理

1. 农村自然资源管理的特点

（1）农村自然资源管理必须因地制宜。我国地大物博，农村在自然资源管理上，需要突出当地的重点，采用不同的方法。西北地区日照强，降水少，有效利用水资源常常是农村发展的重点；山区矿产资源丰富，合理开发利用矿产资源往往关系到农村的发展；南方生物资源丰富，农村特别需要利用好当地丰富的动植物资源；沿海台风频繁，防灾成为发展的重要环节。即使在同一个地区，各村的自然资源也有很大的不同，在管理中需要根据本村的条件突出重点。

（2）农村自然资源管理需要通盘考虑。在自然资源管理中，除了考虑利用自然资源带来的对本村的影响和变化外，还要考虑对周边农村和城市，以及对整个生态环境系统的影响。如为了防范沙尘暴，国家启动了三北防护林工程，要求三北地区的农村发展要与国家防护林建设等工程结合起来；青海三江源地区是长江、黄河的源头，这一地区的农村发展要以生态涵养、水源涵养为主。农村自然资源管理中除考虑当地生产与生活外，还要考虑国家的要求和利益，要承担更多的责任。

（3）农村自然资源管理需协调各种关系。我国多数农村人多地少，在自然资源利用时常常涉及各方面的利益关系，除了村民间的关系外，还常常需要协调与周边村子的关系。如我国北方不少地区水资源短缺，对于用水量的调配往往涉及各方面的关系，村与村之间水的分配、村内水的分配等都是关系村民切身利益的重大问题，管理者需要有处理这些关系的能力。农村开采矿产资源，有时也会涉及几个地区之间的关系，处于河流不同地段的农村有时还需要解决上下游产生的污染等问题。在部分农村，协调各种关系常常成为自然资源管理的重点和中心。

2. 农村自然资源管理的内容

自然资源管理是农村经济管理者采取一系列手段对自然资源的开发、使用、治理和保护所进行的有效控制或干预，使其得到合理利用的过程，主要包括以下工作。

（1）掌握自然资源的信息。有效和正确的管理需要建立在全面、准确、详细地掌握相关情况的基础上。农村经济管理者虽然长期生活和工作在当地，对本地资源有一定的了解和认识，但要认识多年的气象资料、周边的水文资料与地质条件、当地的动植物资源详情和微生物资源、当地的矿产资源的全面情况等，不花费一定的精力是不可能做到的。特别是农村经济管理者除了掌握本地的情况外，还要能够了解本村自然资源在市场条件下的竞争状况。掌握自然资源情况，既需要农村经济管理者的努力，也需要长期的资料积累，并建立制度。

（2）统一自然资源管理的目标。对于村中的自然资源，不同的人从不同的角度会有不同的认识。为了用好农村的自然资源，需要统一全村利用自然资源的目标，保持相对一致的行动。为使农村长期持久发展，要统一把对自然资源利用的目标建立在农村的长期可持续发展的基础之上，切不能只考虑短期的收益和眼前的利益。

（3）制定自然资源利用的规划。在市场经济条件下，农村对自然资源的利用既要考虑本村的能力，又要考虑市场的需求。要将两方面结合起来，需要较长时间的努力，更要有周密的安排。为此，需要在农村规划工作中考虑自然资源的开发和利用，通过基础设施的建设、科学技术的引进，以及各方面条件的创造，提高农村对自然资源的利用能力。

（4）加快科学技术的进步。我国农村经济和社会要持续发展，加上人口的增长等，农村人均自然资源的数量会不断减少。在人均自然资源减少的同时，一方面要提高生产和生活的水平；另一方面又要保持良好的生态环境。要达到上述两方面的目标，沿用传统的方法是不可能的，需要加快科学技术的进步，不断提高农村利用自然资源的水平与能力。

（5）争取和利用好国家投资。为促进农村发展，对于农村中的农业生产、水利设施建设、植树造林、水土保持、新能源开发、环境和生态保护等投资很多，需要更好地争取和利用。

（二）农村土地资源的管理

1．农村土地资源管理的原则

农村土地资源管理的原则是指在农村土地利用和保护过程中，遵循的一系列基本准则和规范，以确保土地资源的合理利用、保护和可持续发展。这些原则是农村土地管理工作的指导方针，对农村土地资源的管理和利用具有重要的指导作用。

第一，保护为主，合理利用。保护农村土地资源是农村土地管理的首要任务。在实施农村土地利用政策时，必须坚持生态优先、保护优先的原则，加强土地资源的保护，保持土地资源的生态功能和生物多样性，防止土地沙化、退化和污染等环境问题。同时，要根据土地资源的特点和农业生产的需要，合理利用土地资源，提高土地利用效率，确保土地资源的可持续利用。

第二，科学规划，合理布局。科学规划是农村土地资源管理的基础。在农村土地利用规划中，要充分考虑土地资源的自然条件、土地利用现状和发展需求，科学确定土地利用总体格局和重点发展方向，合理布局农田、林地、草地等不同类型的土地资源，确保土地资源的合理配置和优化利用。

第三，政府引导，市场调节。政府是农村土地资源管理的主体，应当加强对农村土地资源的宏观调控和监管。政府应当制定相关政策法规，明确土地资源的管理权限和责任，建立健全土地资源管理制度和监管体系，加强土地资源的调查监测和信息发布，引导和规范土地资源的利用行为。同时，要依托市场机制，通过土地流转、交易等方式，促进土地资源的优化配置，提高土地资源利用效率。

第四，公平公正，保障农民权益。在农村土地资源管理过程中，要坚持公平公正的原则，保障农民的合法权益。政府和社会应当尊重农民的意愿，充分听取农民的意见和建议，在土地征收、流转、使用等方面，保障农民的知情权、参与权和利益权，确保农民在土地资源管理中的合法权益不受侵犯。

第五，创新发展，持续改进。农村土地资源管理是一个不断创新和持续改进的过程。要紧跟时代发展的步伐，不断完善土地管理制度和政策措施，加强土地资源管理的科学化、法治化和信息化建设，推动农村土地资源管理工作不断取得新进展，为农村经济的可持续发展提供有力支撑。

综上所述，农村土地资源管理的原则是在保护为主、科学规划、政府引导、公平公正和创新发展的基础上，实现土地资源的合理利用、保护和可持续发展，促进农村经济的健康发展和社会稳定。

2. 农村土地资源管理的重点

农村土地资源管理的重点是指在农村土地资源管理工作中需要重点关注和加强的方面，以实现土地资源的合理利用、保护和可持续发展。以下是农村土地资源管理的几个重点。

第一，加强土地利用规划。土地利用规划是农村土地资源管理的基础和前提，其编制和实施对于指导土地利用行为、合理配置土地资源至关重要。重点在于科学规划农村土地利用总体格局和发展方向，明确各类土地资源的功能定位和区域分布，合理布局农田、林地、草地等不同类型的土地资源，以实现土地资源的优化配置和高效利用。

第二，加强土地资源保护。农村土地资源的保护是农村土地资源管理的首要任务，包括保护耕地、林地、草地等土地资源的生态功能，防止土地沙化、退化和污染等环境问题。重点在于建立健全农村土地资源保护制度和监管体系，加强对违法占用、破坏土地资源行为的查处和惩治，确保土地资源的生态安全和持续利用。

第三，促进土地流转和集约利用。土地流转是优化土地资源配置、提高土地利用效率的重要途径，可以实现土地规模化、集约化经营，促进农业现代化和农民增收致富。重点在于加强土地流转市场的建设和规范，保障农民土地权益，引导和规范土地流转行为，促进土地资源的合理利用和集约利用。

第四，推动农村土地制度改革。农村土地制度改革是解决农村土地问题的关键，重点在于深化农村土地制度改革，实现土地承包经营权、流转权、经营权等分权落地，激发农民土地资源的活力和创造力，促进土地资源的有效利用和增值增收。

第五，加强土地资源管理体制建设。加强土地资源管理体制建设是保障农村土地资源管理工作顺利开展的重要保障，重点在于健全农村土地管理机构和监管体系，明确各级政府的职责和权责，加强对农村土地资源管理的组织领导和监督检查，提高农村土地资源管理的科学化、法治化水平。

农村土地资源管理的重点是加强土地利用规划、保护土地资源、促进土地流转和集约利用、推动土地制度改革，以及加强土地资源管理体制建设，以实现土地资源的合理利用、保护和可持续发展，促进农村经济的健康发展和社会稳定。

第二节　农村农业产业化经营与部门管理

一、农村农业产业化经营管理

（一）农业产业化经营的意义

农业产业化经营是指在现代农业发展中，通过组织农业生产要素、农产品加工和销售环节的一体化运作，实现农业生产的规模化、专业化、市场化和集约化。它的意义主要体现在以下几个方面。

第一，促进农业现代化发展。农业产业化经营有利于推动农业生产方式转变，促进农业从传统的小农户经济向现代化、产业化发展转变。通过引进先进的生产技术和管理模式，提高农业生产效率和产品质量，推动农业生产的科技含量和附加值，实现农业的可持续发展。

第二，增强农业竞争力。农业产业化经营有利于优化资源配置，提高土地利用效率和农业生产效益，降低生产成本，提高农产品的市场竞争力。通过规模化经营、专业化分工和品牌化经营，农业企业能够更好地适应市场需求，提高产品品质和市场占有率，实现农产品的优势互补和差异化竞争。

第三，促进农民增收致富。农业产业化经营有利于增加农民收入，改善农民生活水平。通过规模化经营和农业产业链的延伸，提高农民从事农业生产的稳定性和收益水平，同时通过农产品加工和价值增加，拓宽农民的经济收入来源，促进农村经济的脱贫致富。

第四，促进农村经济发展和乡村振兴。农业产业化经营有利于推动农村经济结构调整和产业升级，加快农村产业发展和现代农业建设，促进农村产业与城市产业的融合发展，推动农村经济由传统农业向现代农业、农村产业和服务业转型，实现乡村振兴战略的有效实施。

第五，保障粮食安全和农村社会稳定。农业产业化经营有利于提高农产品供给质量和稳定性，增加农产品产量和品种多样性，保障国家粮食安全。同时，通过提高农民收入和改善农村经济条件，促进农村社会稳定，减少农村人口外流，保持农村社会和谐稳定。

农业产业化经营对于促进农业现代化发展、增强农业竞争力、促进农民增收致富、推动乡村振兴和保障粮食安全具有重要意义，是推动农业经济持续健康发展和实现农村全面建设的重要途径。

（二）农业产业化经营的内容

农业产业化经营以市场为导向，通过整合农业生产的各个环节，实现资源优化配置和提高经济效益的一种新型经营方式。其基本特点包括以下几个方面。

第一，以家庭承包经营为基础。农业产业化经营依托农户家庭承包经营的基础，通过引导和组织农户参与，实现农业生产要素的有效整合和利用。农户作为生产主体，通过与龙头企业或中介组织的合作，实现规模化生产、专业化分工和市场化经营。

第二，以提高经济效益为中心。农业产业化经营注重经济效益的提高，通过规模化经营、技术创新、品牌建设等手段，降低生产成本，提高产品质量，增加农产品附加值，实现农业生产经济效益最大化。

第三，以当地优势资源为依托。农业产业化经营充分利用当地的自然资源、人力资源和社会资源，发挥各地区的特色产业和优势产业，推动农业生产向特色化、差异化方向发展，增强农业竞争力和抗风险能力。

第四，依靠龙头企业及各种中介组织的带动。农业产业化经营依托龙头企业或各种中介组织，通过引导农户参与合作社、农业企业等组织形式，实现生产要素的集中配置和产业链的延伸，促进农产品加工、流通和销售环节的协同发展。

第五，实行多种形式的一体化经营。农业产业化经营实行多种形式的一体化经营，包括横向一体化和纵向一体化。横向一体化主要是指农业生产要素的整合和农产品产地间的合作联盟；纵向一体化则是指农业生产、加工、流通等环节的一体化经营。

综上所述，农业产业化经营以市场为导向，以家庭承包经营为基础，以提高经济效益为中心，以当地的优势资源为依托，依靠龙头企业及各种中介组织的带动，实行多种形式的一体化经营，是推动农业现代化和农村经济发展的重要途径。

农业产业化经营采用的是纵向一体化，即"贸工农一体化""产加销一条龙"，即企业结合产品的材料供应、生产和销售等上下环节，发展不同程度的业务，它实质上是指对传统农业进行技术改造，推动农业科技进步的过程。这种经营模式从整体上推进传统农业向现代农业的转变，是加速农业现代化的有效途径，其具体内容包括以下方面。

（1）农业生产专业化。农业生产专业化是指依据客观条件，使农产品生产全过程实现生产的集约化，以提高劳动生产率，以及提升其在市场经济中的竞争力。

（2）农业经营规模化。它是指改变我国现行小规模农业经营格局，加快土地流转，促使土地相对集中，扩大农业生产经营规模，以优化土地、劳动、资金、机械的组合取得规模效益的农业经营方式。

（3）贸工农一体化，产供销一条龙。这是农业产业化最突出的表现形式，它是指农业企业集团内部、农业企业之间及农业企业与非农业企业之间，通过某种经济约束或协议，把农业生产过程各个环节纳入同一个经营体内，形成风险共担，利益均沾，互惠互利，共同发展的经济利益共同体。

（4）服务社会化。服务社会化基本内容包括产前、产中、产后各个环节上的社会化服务体系。这是农业产业化发展的客观要求。

（三）农业产业化经营发展措施

1. 处理好产业化经营中的关系

农业产业化经营是个系统化的工程，涉及农村众多利益主体，要做好农业产业化，必须处理好以下关系：农业产业化经营与家庭承包经营的关系；龙头企业与农户的利益关系；农业产业化经营与乡镇企业改造升级和小城镇建设的关系；政府和龙头企业的关系；农业产业化经营与提高社会化服务水平的关系。

2. 扶强扶大农业龙头企业

农业产业化经营的龙头企业肩负着多重责任，包括开拓市场、推动科技创新、带动农户增收，以及促进区域经济发展。龙头企业的经济实力和带动能力直接影响着农业产业化经营的程度、规模和成效。因此，扶持龙头企业不仅是支持农业发展，更是扶持农民增收的重要举措。

为了有效扶持农业龙头企业，需要充分考虑不同地区、不同产业、不同发展阶段的特点和实际情况，实行分类指导和重点扶持的政策。具体而言，可以采取以下措施。

首先，培育和催生农业龙头企业。政府可以通过提供财政支持、税收优惠、信贷支持等政策，引导和培育潜力龙头企业，帮助其壮大成为具有市场竞争力的龙头企业。

其次，转变示范基地建设模式。逐步将政府和部门建设的示范基地转变为由龙头企业作为运营主体实施的农产品基地，通过龙头企业的经营管理，提高基地的经济效益和社会效益。

再次，多元化股权结构。鼓励国有企业、民营企业、个体经济等多种成分通过多种途径共同创办农业龙头企业，形成多元化的股权结构，提高企业的发展活力和抗风险能力。

最后，提升国际竞争能力。引导农业龙头企业通过组建行业协会、参与国际展会等方式，提升其在国际市场上的竞争力，推动企业与国际接轨，开拓海外市场，实现更广阔的发展空间。

3. 完善农产品市场体系

良好的市场环境和完善的市场体系是促进农业产业经营发展的必要条件。我们应当建设布局合理、产销结合、公平竞争、统一开放的农产品市场体系，进一步发挥市场的服务功能。

首先，重点支持市场基础设施建设和信息化系统建设。通过加大投入，建立多元化的市场价格、供求信息采集、整理和发布系统，为农民、经营户和管理部门提供全面的信息服务，提高市场的透明度和效率。

其次，逐步建立农产品市场准入制度，加强市场开拓。通过规范市场准入，加强市场监管，保障市场秩序的公平和规范，为农产品的贩销提供良好的环境。

再次，加大对农产品贩销大户、经纪人队伍的培育。通过提供培训和指导，提升他们的专业水平和服务能力，促进他们更好地发挥市场作用，带动农产品的销售。

最后，以市场为中介，通过举办农产品展销会、开展农产品对接活动等方式，扩大农产品的对外宣传，提高市场知名度，吸引更多的消费者，促进农产品走向国内外市场，实现更广阔的发展空间。

要进一步完善农产品市场体系，提高市场的竞争力和服务水平，为农业产业经营的发展提供有力支持，助力农民增收致富。

4．大力发展农业专业合作经济组织

结合本地情况，制定示范章程，鼓励和支持发展多种形式的农民专业合作经济组织，规范农村专业合作经济组织的内部组织建设。明确专业合作经济组织的业务指导部门和确认部门，形成统一指导、多部门多形式兴办的格局，继续扩大试点范围，总结成功经验，逐步加以推广。按照民办、民管、民受益的原则，积极稳妥地发展各种形式的农产品行业协会，把转变政府职能同加强行业协会自身建设紧密结合起来，充分发挥行业协会在产业服务、行业自律等方面的作用。加大对专业合作经济组织的支持力度，在财政、税收、用地、用电等方面提供优惠政策。加强监督管理，使各类中介组织真正成为连接农户与龙头企业农户与市场的桥梁和纽带，为农村经济的发展发挥最大作用。

二、农村农业产业部门管理

农业是以有生命的动植物为主要劳动对象，以土地为基本生产资料，依靠生物的生长发育来取得动植物产品的社会生产部门。

（一）农村农业产业分类

根据农业生产结构划分，农业分为种植业、林业、畜牧业、渔业和副业。

1．种植业

种植业，即狭义农业，是指栽培各种农作物以及获取植物性产品的农业生产部门。作为农业的重要组成部分之一，种植业涵盖了粮食作物、经济作物、饲料作物、绿肥作物及蔬菜、花卉等园艺作物等多个领域。通常，种植业的主要项目可以用"十二个字"来概括，即粮、棉、油、麻、丝（桑）、茶、糖、菜、烟、果、药、杂。

从本质上说，种植业以土地为重要生产资料，利用绿色植物，通过光合作用将自然界中的二氧化碳、水和矿物质合成为有机物质。同时，它将太阳能转化为化学能贮藏在有机物质中，为一切以植物产品为食物的生物提供了物质来源，也是人类生命活动的物质基础。

种植业的发展对于畜牧业、工业的发展及人民生活水平的提高具有十分重要的意义。在中国，种植业拥有悠久的历史，并在农业中扮演着重要的角色。正确处理种植业与其他各业的关系，合理确定不同作物的种植比例，对于充分利用土地资源、促进农业发展至关重要。因此，发展种植业，提高种植业的效益和产量，对于我国农业的现代化建设和经济的持续发展具有重要意义。

2．林业

林业是指保护生态环境和生态平衡，培育和保护森林以取得木材和其他林产品、利用林木的自然特性以发挥防护作用的生产部门，是国民经济的重要组成部分之一。林业包括造林、育林、护林、森林采伐和更新、木材和其他林产品的采集和加工等。发展林业不仅可以提供国民经济所需的产品，还可以发挥其保持水土、防风固沙、调节气候、保护环境等重要作用。

林业在国民经济建设、人民生活和自然环境生态平衡中具有特殊的地位和作用。世界各国通常将林业视为独立的生产部门，在中国属于大农业的一部分。林业生产以土地为基本生产资料，以森林（包括天然林和人工林）为主要经营利用对象，整个生产过程一般包括造林、森林经营、森林利用三个组成部分，其也是综合性的生产部门。

林业生产具有生产周期长、见效慢、商品率高、占地面积大、受地理环境制约强、林木资源可再生等特点。其主要任务是科学地培育经营、管理保护、合理利用现有森林资源，有计划地植树造林，扩大森林面积，提高森林覆盖率，增加木材和其他林产品的生产。同时，根据林木的自然特性，发挥其在改造自然、调节气候、保持水土、涵养水源、防风固沙、保障农牧业生产、防治污染、净化空气、美化环境等方面的效益和综合效益。

3. 畜牧业

畜牧业是指利用放牧、圈养或两者结合的方式饲养畜禽，以获取动物产品或役畜的生产部门。作为农业的主要组成部分之一，畜牧业与种植业并列为农业生产的两大支柱，具有重要地位。畜牧业的发展必须根据各地的自然经济条件，因地制宜，充分发挥优势。

畜牧业主要包括牲畜饲养、家禽饲养和经济兽类驯养等，涵盖了牛、马、驴等家畜家禽的饲养，以及鹿、貂、水獭等野生经济动物的驯养。这些动物为纺织、油脂、食品、制药等工业提供原料，同时也为人民提供丰富的食品，如肉类、乳制品、蛋类和禽类，以及役畜和粪肥等。

发展畜牧业对促进经济发展、改善人民生活、增加出口物资、增强民族团结具有重要意义。具备发展畜牧业的条件包括自然条件适宜，如光、热、水、土等，以及草场面积大、质量好、类型多样；有一定的物质基础，生产潜力大，能够实现投资少、见效快、收益高的特点；广大农民具备从事畜牧业生产的经验和技能。

根据饲料种类、畜种构成和经营方式的不同，畜牧业可分为牧区畜牧业、农区畜牧业和城郊畜牧业等多种类型，每种类型都有其独特的发展特点和优势。因此，有效发展畜牧业需要因地制宜、科学规划，充分发挥各地的资源优势，促进畜牧业健康发展。

4. 渔业

水产业，即渔业，是指捕捞和养殖鱼类、其他水生动物及海藻等水生植物，以获取水产品的社会生产部门。通常分为海洋渔业和淡水渔业两大类。渔业的发展不仅为人民生活提供食品和工业原料，也为国家建设作出贡献。水域开发利用、捕捞和养殖各种经济价值的水生动植物是渔业的主要活动，它是广义农业的重要组成部分。

渔业可分为直接渔业生产前部门和直接渔业生产后部门。前者包括渔船、渔具、渔用仪器、渔用机械等生产和供应部门，后者则涉及水产品的贮藏、加工、运输和销售等环节。渔业生产具有明显的特点，主要以各种水域为基地，利用具有再生性的水产经济动植物资源，具有明显的区域性和季节性，其初级产品特点包括鲜活、易变质和商品性强。

作为国民经济的重要部门，渔业对于促进经济发展、改善人民生活水平具有重要作用。随着渔业资源开发和管理的不断完善及渔业生产方式的创新与提升，渔业将继续为社会经济的可持续发展做出更大贡献。

5．副业

副业一般是指主业以外的生产事业。在中国农业中，副业有两种含义：一是指传统农业中，农户从事农业主要生产以外的其他生产事业。在多数地区，以种植业为主业，以饲养猪、鸡等畜禽，采集野生植物和从事家庭手工业等为副业。二是在农业内部的部门划分中，把种植业、林业、畜牧业、渔业以外的生产事业均划为副业。

中国有丰富的副业资源，充分利用剩余劳动力、剩余劳动时间和分散的资源、资金发展副业，对于增加农民收入、满足社会需要和推动农业生产发展都有重要意义。副业生产，特别是其中的采集和捕猎对自然资源的状况影响较大。因此，发展副业时，注意保护自然资源和维护生态环境十分重要。

（二）农村农业部门经济管理

下面主要以林业、畜牧业、渔业等部门管理为例，探讨农村农业部门经济管理。

1．林业部门经济管理

林业部门的经济管理是指对森林资源的开发、利用和保护等活动进行有效组织和监管，以实现经济效益、社会效益和生态效益的有机统一。其主要任务包括科学合理地制订森林资源开发利用计划，优化资源配置，提高经济效益；加强林木培育、护理和保护工作，促进森林资源的可持续利用；推动林产品的深加工和市场开拓，提升产业附加值和市场竞争力；加强林业科技创新，提高生产技术水平和管理水平；加强对林业企业和经营者的监督管理，维护市场秩序和公平竞争环境；注重生态环境保护，保障生态安全和生物多样性。

在经济管理中，要注重统筹兼顾，科学规划，注重前瞻性和灵活性，根据市场需求和资源变化及时调整经济管理策略，确保森林资源的可持续发展。同时，加强与相关部门的协调配合，形成合力，共同推动林业部门的健康发展。

2. 畜牧业部门经济管理

畜牧业是我国农村经济主导产业之一。

（1）动物防疫管理。动物的防疫管理工作主要分为以下四个部分。

①疫情的管理。疫情的管理指对动物传染病、寄生虫病等疫情的监测、报告和发布，以及疫情的控制和扑灭的管理。

②防疫的管理。国家对动物疫病实行预防为主的方针，《中华人民共和国动物防疫法》规定，国家对严重危害养殖生产和人体健康的动物疫病实行计划免疫制度，实施强制免疫。

③检疫的管理。检疫的管理主要指动物和动物产品的检疫，动物防疫监督机构要按照国家标准和国务院畜牧兽医行政管理部门的规定对动物及其相应产品实施检疫，由动物检疫员具体实施检疫。

④防疫的监督管理。防疫的监督管理主要指对动物防疫工作的监督，由动物防疫监督机构对动物防疫工作进行监督。动物防疫监督机构在执行检测、监督任务时，可以对动物和动物产品估样、留检抽检，对没有检疫证明的动物、动物产品进行补验或重验，对染疫或者疑似染疫的动物和动物产品进行隔离、封存和处理。

（2）草原管理。草原管理主要指对我国的草原包括草山和草地的管理，其目的是加强草原的保护、管理、建设和合理利用，保护和改善生态环境，管理的主要依据是《中华人民共和国草原法》（以下简称《草原法》）。《草原法》是保护、建设和合理利用草原的法律保障，是管理草原、治理草原的法律依据，它所确定的是国家草原实行的科学规划、全面保护、重点建设、合理利用等方针。

草原的管理工作主要包括以下两个部分。

①草原的利用管理。除了法律规定属于集体所有的草原外，均属于国家所有，即全民所有。《草原法》规定，全民所有的草原，可以固定给集体长期使用。全民所有的草原、集体所有的草原和集体长期固定使用的全民所有的草原，可以由集体或者个人承包从事畜牧业生产。

②草原的保护管理。在草原的保护方面，《草原法》的规定更为具体，如国家实行基本草原保护制度，国务院草原行政主管部门或者省、自治区、直辖市人民政府可以按照自然保护区管理的有关规定建立草原自然保护区，县级以上人民政府应当依法加强对草原珍稀濒危野生植物和种质资源的保护管理、国家对草原实行以草定畜反草畜平衡制度，禁止开垦草原，对严重退化、沙化、盐碱化、石漠化的草原和生态脆弱区的草原，实行禁牧、休牧制度，国家支持依法实行退耕还草和禁牧、休牧等。

（3）兽药管理。兽药产品具有一定的特殊性，除了涉及产品质量问题外，还有一个很重要的是动物食品的药物残留问题，即动物食品的安全问题，其管理的依据主要是《兽药管理条例》，该条例把兽药的管理权限集中在农业农村部和省（区、市）两级畜牧兽医管理部门，地县两级畜牧兽医管理部门的权限和职责主要包括：贯彻执行《兽药管理条例》及国家有关兽药药政法规和上一级农牧行政管理机关发布的有关兽药管理规定；行使本辖区兽药生产、经营、使用的监督管理权；调查和处理兽药生产、经营、使用中的质量事故和纠纷，决定行政处罚；向上级农牧行政管理机关反映兽药生产、经营使用中存在的问题。县以上各级农牧行政管理机关负责处理本辖区内违反《兽药管理条例》及其实施细则所规定的兽药案件，对没收的假劣兽药，应会同有关部门并且有当事人在场的情况下监督销毁处理。

（4）饲料和饲料添加剂管理。饲料和饲料添加剂是指经工业化加工、制作的供动物食用的饲料，管理的依据是《饲料和饲料添加剂管理条例》，该条例规定，县级以上地方人民政府饲料管理部门负责本行政区域内的饲料、饲料添加剂的管理工作，其主要职责包括以下两点。

①定期抽查饲料和饲料添加剂产品质量。县级以上地方人民政府饲料管理部门根据饲料、饲料添加剂质量监督抽查工作规划，可以组织对饲料、饲料添加剂进行监督抽查，并会同同级产品质量监督管理部门公布抽查结果。

②对各种违规行为实施行政处罚。《饲料和饲料添加剂管理条例》规定了对多种违规行为的处罚办法和处罚标准，包括责令停止生产和经营、罚款和吊销生产经营许可证等。

（5）种畜禽管理。种畜禽是指种用的家畜家禽，管理的目的主要是保护畜禽品种资源，保障种畜禽质量，管理的依据主要是《种畜禽管理条例》，该条例规定，县级以上地方人民政府畜牧行政主管部门主管本行政区域内的种畜禽管理工作。对种畜禽质量的管理主要包括两个方面：一是种用畜禽的质量，要符合种用质量标准，要有《种畜禽生产经营许可证》；二是种畜禽的健康要符合兽医卫生标准，即要有《动物防疫合格证》，国内异地引进种用动物及其精液、胚胎、种蛋的，应当先到当地动物防疫监督机构办理检疫审批手续并须检疫合格。

3．渔业部门经济管理

渔业部门经济管理是指对渔业资源的开发、利用、保护和管理等各项活动进行科学规划、有效组织和监督，以实现经济效益、社会效益和生态效益的有机统一。其核心任务是合理利用渔业资源，促进渔业经济可持续发展，提升渔民收入，保护海洋生态环境。

第一，渔业部门需要制定综合性的渔业规划和政策，明确资源开发利用的总体目标和方向。这包括确定捕捞和养殖的规模和布局，保护渔业资源，提高渔业生产效率，促进渔业结构调整和技术进步。

第二，渔业部门要加强对捕捞和养殖活动的管理和监督，建立健全渔业许可制度和渔业权益登记制度，规范渔业经营行为，防止过度捕捞和滥用渔业资源。同时，加强对渔船和渔具的监管，确保生产设备的安全和合规运营。

第三，渔业部门要积极推动渔业科技创新，提高渔业生产技术水平和管理水平。通过引进先进技术、培育新品种、提高养殖和捕捞效率，降低生产成本，增加渔业收入，提升渔民的生活水平。

第四，渔业部门要促进渔业产品的深加工和价值提升，拓展渔业产业链，开发新产品，提高产品附加值和市场竞争力。同时，加强对渔业产品质量和安全的监督检查，确保渔业产品符合国家标准和质量要求，增强消费者信心。

第五，渔业部门要注重生态环境保护，保护海洋生物多样性，维护海洋生态平衡。加强海洋环境监测和污染治理，防止污染对渔业资源和渔民生活的影响，推动海洋生态环境保护和可持续利用。

渔业部门经济管理涉及多个方面，需要政府、企业和社会各方的共同努力，以实现渔业经济的健康发展和海洋资源的可持续利用。

第三节　农村劳动力资源与科学技术管理

一、农村劳动力资源管理

（一）农村劳动力资源管理的特性

农村劳动力资源管理具有以下方面的特性：

1. 间接性与传导性

由于我国农村劳动力就业分散，加上农村居民传统意识比较浓厚，而且农民的经济基础相对较为薄弱，从而使农村劳动力资源管理工作虽然很难做到"面对面"，但由于家人、亲戚、朋友相互关照，互通信息，互相模仿，因此，农村劳动力资源管理工作具有明显的间接性和传导性。

2. 分散性与广泛性

我国农村实行的是以家庭承包经营为基础的统分结合的双层经营体制，这意味着绝大部分农村劳动力分散在农户家庭中。同时，随着大量农村劳动力的转移就业，农村劳动力的分布更加广泛。由于农村劳动力就业不受行业、地域分布的限制，农村劳动力资源管理面临着分散性和广泛性的显著挑战。

在这种背景下，农村劳动力资源管理的思路需要更加开阔和广泛。首先，需要建立健全的管理机制和政策体系，以有效整合和利用分散的劳动力资源。这包括制定灵活的用工政策，鼓励农民就业创业，提高农村劳动力的就业机会和收入水平。

其次，需要加强对农村劳动力的培训和技能提升，以适应现代农业和农村产业的发展需求。通过开展职业培训、技能提升和创业指导等活动，帮助农民掌握先进的农业生产技术和管理知识，提高劳动力素质和竞争力。

另外，要积极推动农村劳动力的转移就业，引导他们向非农产业和服务业转移，促进农村经济结构的升级和优化。这就需要加强对非农产业和服务业的扶持和引导，提供就业岗位和创业机会，吸引农村劳动力外出务工或创业。

此外，还需要加强对留守农村劳动力的关注和服务，保障他们的权益和福利，促进农村劳动力的社会稳定和可持续发展。通过建立健全的社会保障制度和服务体系，解决留守农村劳动力的就业、教育、医疗等问题，增强他们的归属感和幸福感。

总的来说，农村劳动力资源管理需要综合运用多种手段和政策，以促进农村劳动力的合理配置和充分利用，推动农村经济社会的全面发展和进步。

3．季节性与周期性

我国农村劳动力所在的农户家庭通常拥有承包的土地，而农业又是农村居民生活的基本保障。由于我国农村人均土地面积较小，大部分农村经营处于小规模状态，这导致大多数农村劳动力需要兼顾多种经营活动。因此，我国农村劳动力具有典型的兼业特征。

一般而言，农村劳动力在农闲季节会外出打工，以增加家庭收入，而在农忙季节则会回家务农，参与农业生产。这种灵活的就业模式使得农村劳动力能够在不同季节充分利用自身的劳动力资源，实现收入的最大化。

此外，我国农村还保持着诸如春节等传统节日团聚的习俗，这进一步影响了农村劳动力的就业和流动。在节假日前后，许多农村劳动力会选择回家与家人团聚，这导致了农村劳动力在特定时间段内的流动性增加。

因此，农村劳动力资源管理工作面临着明显的季节性和周期性特征。在制定和实施管理政策时，需要充分考虑农村劳动力的就业模式和生活习惯，合理安排和调配劳动力资源，以实现农村劳动力的有效利用和经济社会的稳定发展。

（二）农村劳动力资源管理的内容

1．制定劳动力资源开发利用规划

农村劳动力资源的管理，要根据当地农村实际制定切实可行的劳动力资源开发与利用规划。特别是当前要结合深入贯彻党和国家以及各地政府关于进一步加强农村计划生育教育劳动和社会保障、先进文化和精神文明建设，以及进一步做好农民工工作的意见、决定和政策，制定好农村劳动力资源开发规划。

2. 对农村劳动力进行技能培训

要进行农村劳动力资源的培训需求分析、根据培训需求制定规划，并在培训完成后，对培训效果进行评估。在培训过程中要针对不同的人员和学习偏好进行分层次培训，提高受训者主动参与的积极性。从目前来看，农村富余劳动力在城市就业主要集中在加工制造业建筑业、家政服务、交通运输、住宿餐饮、商品销售及物流行业等领域。按照他们所从事职业的不同，大致可以将需要开发的农村富余劳动力资源划分为生产型人力资源、服务型人力资源、技能型人力资源及技术型人力资源等四种类型。

对于生产型人力资源及服务型人力资源而言，主要以体力劳动为主，工资报酬也相对较低，对技术和劳动力素质的要求较低，工作结束后返乡的几率比较高，因此在开发过程中除了要不断巩固他们已有的劳动生产技能之外，还要提高他们的生活技能；但是对于技能型人力资源及技术型人力资源而言，劳动力所从事的工作主要集中在专业技术领域，对专业知识及技能的要求较高，工作稳定性强并且报酬也相对较高，将来融入城市的机会要高于生产型及服务型人力资源。因此要重点强化四个方面的基本技能：一是专业技术知识和技能，主要指能够适应工业化需求的专项劳动技术与能力；二是信息化知识和技能，主要指能够适应现代社会信息沟通与交流的技术手段，如计算机操作技能、网络应用技能等；三是法律知识和技能，主要指能够运用法律武器维护自身权益的基本能力；四是城市生活技能，主要指能够在城市生存与发展的能力，如社会交往能力和自我保护能力等。

3. 发挥农村内部劳动力作用

农村管理者需要了解村内劳动力的利用现状，并积极创造条件，为劳动力资源发挥作用创造条件。一是通过调整生产结构，在现有土地上发挥作用；二是积极联系有关方面，为劳动力进城务工创造条件；三是联系村内外的企业，为劳动力就近找到适合的工作；四是为条件差的劳动力在公益性就业岗位上安排工作。通过劳动力资源管理，使村内劳动力资源充分发挥作用。

4. 提升劳动力资源身心健康水平

提升劳动力资源身心健康水平包括：一是做好宣传教育工作，使农村劳动力养成健康文明的生活习惯；二是创造必要的体育活动条件，让村民有体育活动的场所；三是做好村内医疗卫生设施的建设；四是保持村内良好的生产生活环境，消除生产和生活污染；五是大力宣传优生优育，并为其创造相关条件；六是开展健康的文化娱乐活动，培育积极、乐观、向上的精神。

二、农村科学技术的管理

农村科学技术有广义和狭义之分。广义的农村科学技术是指农村生产生活所涉及的科学和技术的总称，是村中人们在生产生活中所遇到和所应用的科学和技术的总和；而狭义的农村科学技术，是作为农村生产要素的科学技术，是农村生产经营活动中的科学和技术的总称。

（一）农村科学技术的作用

（1）推动农村生产力发展。现代科学技术的飞速发展并向现实生产力的迅速转化，改变了生产力中的劳动者、劳动工具、劳动对象和管理水平。科学技术为劳动者所掌握，极大地提高了人们认识自然、改造自然和保护自然的能力，提高了劳动生产能力。在生产力系统中，科学技术已经成为推动生产力发展的关键性要素和主导性要素。

（2）促进其他生产要素的节约使用和"催化"其他生产要素充分发挥作用。现代社会随着知识经济时代的到来，科学技术、智力资源日益成为经济发展的决定性要素，其主要是通过科学技术促进其他生产要素的节约使用和"催化"其他生产要素充分发挥作用，从而使经济发展主要靠的是科学的力量、技术的力量。因此，科学技术已成为农村经济发展的第一要素。

（3）引导农村经济实现跨越式发展。当前，科学技术越来越走在社会生产的前面，开辟着生产发展的新领域，引导生产力发展的方向。因此，要重视科学技术对农村经济发展的先导性影响，敏锐捕捉科学技术促进产业发展的新动向，强化农村经济发展的预见性，推动农村经济实现跨越式发展。

（二）农村科学技术管理的内容

作为农村经济管理重要组成内容的农村科学技术管理，就是对农村生产经营活动中的生产要素——科学技术的管理，是指对农村经济活动中为通过促进科学技术创新及其成果转化与应用等发挥科学技术要素的作用而进行的决策、计划、组织、领导和控制，以达到预定目标的过程。具体来讲，农村科学技术管理就是在农村经济活动中遵照科学技术工作的特点与规律，充分利用管理的职能和手段，积极组织技术创新，大力开展技术引进、产品开发和技术推广，促进科学技术转化为现实生产力的过程。

1. 农村科学技术管理的必要性

科学技术是第一生产力。但作为生产要素的科学技术要在农村经济活动中最为有效的发挥作用，必须对其加强管理。

（1）加强科学技术管理是科学技术工作规律的客观需要。农村经济活动中科学技术要素的选择和使用是重要的科学技术工作。科学技术工作有其内在的规律性，要求在其过程中要按照客观规律办事。因此，为了保证农村经济活动中科学技术工作按照预定目标有序开展，就必须加强科学技术管理。

（2）加强科学技术管理是使科学技术转化为现实生产力的重要保障。科学技术是潜在的生产力，只有同生产中的其他生产要素结合，才能转化为现实生产力。因此，在农村经济活动中，要组织和协调科学技术要素与劳动者、劳动资料和劳动对象实现有效结合和最优配合，以获得最大产出，实际上这就是管理工作，是最为有效的管理。

（3）加强科学技术管理是提高农村经济效益的必然要求。科学技术作为农村生产经营过程中的"催化剂"，其作用是既会促进其他生产要素在使用上的节约，又会推动其他要素最大限度地发挥作用；其结果是节本增收，带来农村经济活动中经济效益的提高。但这个过程不是自发的，而是要通过加强科学技术管理来实现。因此，加强科学技术管理是提高农村经济效益的必然要求。

2. 农村科学技术管理主要工作

农村科学技术管理的内容多，涉及面广，主要有以下方面工作。

（1）组织和队伍建设：主要包括在农村经济组织中设置和建立科学技术管理机构，组织、培养和提高科学技术人员等工作。

（2）编制规划或制订计划：主要包括确定农村经济组织科学技术发展战略，编制农村经济组织科学技术创新与应用长远规划，制定农村经济组织科学技术创新与应用年度计划等工作。

（3）建立规章制度：主要包括建立农村经济组织的科学技术创新制度、新产品开发制度、技术选择与推广制度等工作。

（4）组织开展技术创新与推广应用活动：主要包括组织开展技术培训、技术服务、技术比武，以及群众性的技术革新等活动。

（三）组织农村农业技术推广

1. 农业技术推广的作用

农业技术推广在现代农业发展中扮演着至关重要的角色。首先，农业技术推广可以提高农业生产效率和产量。通过引进和推广先进的农业技术，农民可以学习和应用新的种植、养殖、施肥、灌溉等技术，从而提高作物和畜禽的产量，增加农产品的质量和市场竞争力。

其次，农业技术推广可以改善农民的生活水平。通过合理利用农业技术，农民能够提高农产品的产量和质量，增加收入，改善生活条件，提升农村居民的生活水平，促进农村经济的发展。

此外，农业技术推广还有助于实现农业可持续发展。引进和推广节水灌溉、有机农业、绿色种植等技术可以减少农业生产对环境的影响，提高资源利用效率，减少农药、化肥等化学物质的使用，保护生态环境，促进农业的可持续发展。

农业技术推广还有助于促进农村经济的发展和农民就业。通过技术培训和指导，农民可以掌握先进的农业生产技术，提高农业生产效率，增加农产品的附加值，促进农村产业的发展，创造就业机会，增加农民收入。

总的来说，农业技术推广对于提高农业生产效率、改善农民生活、实现农业可持续发展和促进农村经济的发展具有重要意义。因此，政府和相关部门应该加大对农业技术推广的支持力度，加强技术培训和指导，推动农业技术的广泛应用和推广，推动农业现代化进程。

2．农业生产中的科学技术

（1）种植业生产中的科学技术。种植业生产中的科学技术，以提高植物产品的品质、产量和效益为目标，主要是在育种、栽培、耕作、土肥、植保、灌溉、设施，以及农业机械化等环节所采用的科学与技术。

（2）林业生产中的科学技术。林业生产中的科学技术，以提高林木覆盖率和林业经济效益为目标，主要是在造林、育林、护林、森林采伐与更新、木材和其他林产品的采集与加工等环节采用的科学技术。

（3）畜牧业生产中的科学技术。畜牧业生产中的科学技术，以提高畜产品的品质、产量和效益为目标，主要是在育种、繁殖、饲喂、防疫、兽医等环节所采用的科学技术。

（4）水产养殖业生产中的科学技术。水产养殖业生产中的科学技术，主要包括育种、繁殖、饲喂、防疫及水资源保护和利用等方面的科学技术。

（5）可持续发展农业生产中的科学技术。可持续发展农业生产中的科学技术，主要包括资源节约型农业科学技术、环境友好型农业科学技术、健康营养功能型农业科学技术等。

3．农业技术推广的程序

（1）项目选择。项目选择是一个收集信息、选定项目、制订计划的过程。收集信息就是要收集与推广目标有关的信息，在此基础上选定一个具体的推广项目，并对其进行设计，制订出推广计划。项目选择一定要因地制宜，适合当地当时的情况，既体现先进性，又切实可行。

（2）引进、试验。引进、试验是推广工作的前提和基础。农业生产的地域性使技术的广泛性受到限制。因此，对于选中的新技术、新品种必须经过引进、试验，以验证其对当地条件的适应性。引进、试验一般放在具有公益性质的试验基地进行。

（3）示范。示范是展示所推广技术的优越性，对广大农民进行宣传教育、激发兴趣、转化思想的重要环节，同时还可以进一步验证技术的适应性和可靠性，逐步扩大新技术的应用规模，为大规模推广做好前期准备。示范是迎合广大农民"直观务实心理"特点的有效措施。示范一般在由政府扶持的科技示范户或具有公益性的示范基地进行。

（4）培训。培训是一个技术传输的过程，也是让农民尽快掌握技术要领的过程。通过培训，一方面进一步宣传所推广技术的优越性，激发农民采纳应用该技术的欲望和积极性；另一方面使农民尽快掌握所要推广的技术的使用和操作方法，学会应用该项技术。农民培训，一定要语言通俗浅显，幽默风趣，易懂好记。

（5）推广。农业技术的推广就是大规模使用该项技术。这就要求推广人员要为农民使用此技术提供保障，为随时解决生产实际中所发生的一切问题，开展技术咨询和服务。

4. 农业技术推广的方法

农业技术推广是实现现代农业发展的关键环节之一，而为了有效地推广农业技术，需要采取多种方法和途径，以确保技术能够广泛传播并被农民接受和应用。

首先，农业技术推广可以通过示范推广的方式进行。这包括建立示范基地或示范户，展示先进的种植、养殖、管理等技术，让农民亲眼见到技术应用的效果，增强信心，激发学习的积极性。

其次，农业技术推广可以通过农技人员走村入户的方式进行。专业的农技人员可以深入到农村，与农民面对面交流，提供针对性的技术指导和培训，解答农民在生产中遇到的问题，帮助他们学习和应用新技术。

另外，利用媒体宣传也是一种常见的农业技术推广方法。通过电视、广播、报纸、网络等媒体，向农民传播先进的农业技术知识，介绍成功的技术案例，提供技术资讯和培训内容，使农民能够及时了解最新的农业技术信息。

此外，组织农民参观考察和举办培训班也是有效的推广方法。安排农民参观其他地区的成功农业示范项目，或者举办专门的培训班和讲座，邀请专家学者和成功农户分享经验，让农民学习到更多的实用技术知识和操作技巧。

还有一种常见的推广方法是建立农民合作社或农业合作社。通过组织农民自愿参与合作，共同投资、共同经营，集中生产和销售，实现规模化经营，提高效益，从而吸引更多的农民参与和应用先进的农业技术。

总的来说，农业技术推广需要多种方法的综合运用，包括示范推广、农技人员服务、媒体宣传、参观考察、培训教育、合作社建设等，以确保技术能够广泛传播并为农民所接受和应用，促进农业生产的现代化和提高农民收入水平。

（四）促进农村工业企业技术创新

农村工业生产中的科学技术，通常是指农村工业企业所创造或运用的根据生产实践经验和自然科学原理总结发展起来的各种工艺操作方法与技能。其构成了农村工业企业技术创新的主要内容。

技术创新是指改进现有或创造新的产品、生产过程或服务方式的技术活动，包括开发新产品、采用新工艺，以及使原有产品和工艺发生显著的技术变化等。技术创新通常分为独立创新、合作创新、引进再创新三种模式。实践中，重大的技术创新会导致社会经济系统的根本性转变。

农村工业的技术创新，是农村工业企业提高自主创新能力的重要途径。农村工业企业应该围绕自己的主导产业或主导产品高度重视技术创新，建设技术创新队伍，加大技术创新的资金投入，重视技术创新储备，为企业增强自主创新能力奠定基础。

1. 农村工业企业技术创新对象

农村工业企业中，技术创新的对象非常广泛，一般包括以下几个方面。

（1）产品创新。产品创新是农村工业企业技术创新的关键，包括改造老产品和发展新产品两个方面。改造老产品旨在提高产品的使用价值，降低生产成本，提高产品质量，并推动产品标准化、通用化、系列化。改造的过程中，需要综合考虑产品结构的简化、品种规格的优化及生产效率的提升，以实现更高水平的经济效益和市场竞争力。同时，发展新产品则需要具备战略眼光，不断进行技术创新和市场调研，以满足不断变化的市场需求。这包括研发新产品的第一代，进一步完善产品的第二代，构思创新的第三代，并不断寻找未来的第四代产品。通过产品创新，农村工业企业能够提升自身的竞争力，拓展市场份额，实现可持续发展。

（2）设备和工具创新。设备和工具是农村工业企业进行生产的必要手段，是现代化大生产的物质基础。对现有设备和工具进行创新，主要包括：一是根据生产的不同要求，采用多头传动和一机多用的方法，对原有机械设备进行结构改装或增加附件，扩大设备适用范围；二是开发简易设备，革新生产工具；三是将手工操作改为半机械化以至机械化操作，不断提高机械化、自动化水平；四是开发气动、电动、液动、组合的自动、半自动夹具和先进刀具等。

（3）生产工艺和操作技术创新。生产工艺和操作技术是指在生产过程中以一定的劳动资料，作用于一定劳动对象的技术组合的加工方法。这方面的创新主要包括：改革旧的工艺和缩短加工过程；用先进的加工方式代替旧的加工方法；创造新的操作方法等。对生产工艺和操作技术的开发，可以迅速提高劳动生产率，缩短生产周期，节约与合理使用原材料，提高产品质量和经济效益。

（4）能源和原材料创新。开发能源是技术创新的重要任务，每个企业都必须高度重视。要千方百计地采取各种有效措施，节约能源，提高能源利用率，具体措施主要有：狠抓热加工设备及低效锅炉的更新和改造，提高燃料热能的利用效率；采用余热利用措施，积极推广采用节能新技术，如炉体保温、低质燃料利用等。对原材料要综合利用、节约利用和发展新材料等。

（5）改善生产环境及劳动保护。随着科学技术的飞速发展，解决环境污染等问题将越来越迫切。因此，要不断研究和突破变害为利、治理环境污染、改善劳动条件、保证安全生产等难题。这些都是技术创新的重要内容。

2. 农村工业企业新产品开发

研究与开发新产品，改进老产品，是关系到农村工业企业生存与发展的大问题。因此，农村工业企业必须高度重视新产品的开发工作，以质优价廉的新产品满足社会需要，增强企业的市场竞争能力。新产品开发有如下原则。

（1）以市场需求为出发点的原则。企业新产品开发的目的是企业为满足市场的需求，为其提供适销对路的产品，扩大市场占有率，获得经济效益。在市场经济条件下，任何企业的生产经营活动都必须以满足市场需要为出发点，否则企业的生产经营活动将无法取得成功。

（2）符合国家经济技术政策要求的原则。开发新产品一方面要严格遵守国家在不同时期颁布的有关政策、法规和规章；另一方面要开发那些开拓国际市场的新产品，并符合有关国家的政策法令与习俗。

（3）技术适宜的原则。开发新产品，要具备所需要的技术条件，既先进又可行；要适合我国国情，并能获得较好的社会经济效益。

（4）经济合理的原则。开发新产品，就是要以最少的综合费用来实现新产品开发的目标。这里的综合费用，包括两个方面的内容：一是新产品开发与制造费用；二是产品销售费用及产品在使用寿命期内的维护保养与使用费用。

（5）提高"三化"水平的原则。"三化"即产品的通用化、标准化和系列化。通用化是指将生产量大、使用范围广的不同类型或同一类型不同规格的产品零件进行合并简化，使其能在一些产品中通用；标准化是指将零部件通用范围扩大，并规定出标准的规格型号；系列化是指将产品合理分档、分级，排成系列。提高"三化"水平的目的在于减少设计工作量，加速新产品开发和制造过程，便于维修，从而降低使用费用。

3. 农村工业企业技术改造

农村工业企业技术改造是指为了提升生产效率、产品质量和市场竞争力，通过引入新技术、改进生产工艺和设备，对现有生产线和工作流程进行更新和改善的过程。这一过程旨在实现技术创新，推动企业向智能化、数字化、绿色化方向转型，从而实现更高效的生产方式和更优质的产品输出。

首先，农村工业企业技术改造需要引进和应用新技术。这包括先进的生产工艺、智能化的生产设备和数字化的管理系统等。通过引进新技术，企业可以提高生产效率、降低能耗，同时提升产品质量和生产线的稳定性。

其次，改造生产工艺和流程是技术改造的重要组成部分。通过优化生产流程、简化操作步骤和改进工艺参数，可以实现生产过程的精细化管理和自动化控制，从而提高生产效率和产品质量。

另外，更新和升级生产设备也是技术改造的关键环节。农村工业企业需要根据市场需求和技术进步，及时更新生产设备，采用更先进、更高效的设备和工具，以提升生产能力和产品质量，降低生产成本。

此外，技术改造还需要加强人员培训和管理。企业需要培训员工掌握新技术和操作方法，提高其技能水平和生产管理能力，以适应新生产模式和工作要求。

最后，农村工业企业技术改造也要注重环境保护和可持续发展。通过采用清洁生产技术和节能减排措施，减少对环境的影响，实现生产过程的绿色化和循环化，推动企业可持续发展。

第四节　农村经济管理的创新策略

一、农村信息管理与信息化建设

（一）农村信息及其管理

1. 农村经济管理所需信息

有了准确、及时、全面的信息才有可能做出正确的决策。在实际工作中，农村经济管理需要注意掌握以下信息。

（1）农村市场信息。开展农村经济活动，需要了解市场信息。农村市场信息主要包括以下内容：

①农产品市场价格信息。我国幅员辽阔，农产品市场价格具有以下特点：

第一，各地差异大。鲜活农产品、特种农产品的价格，各地差异较大。其原因在于：一是各地生产成本不同；二是各地市场供求量不同。由于生产成本和市场供求量是经常变化的，因此产品的市场价格也会随之变化。农村经济管理要随时了解各地市场的价格行情。如果有条件，还需要了解相关农产品的价格行情，通过分析产品的价格行情和成本，寻找盈利最大的项目。

第二，价格变化快。从统计分析的结果来看，市场价格变化快的当属鲜活农产品，而青菜的价格又是鲜活农产品中变化最快的。进入21世纪后，虽然蔬菜生产进入专业化、区域化阶段，但蔬菜价格的波动仍然是大的。除了蔬菜外，其他鲜活农产品由于生产的季节性强，保鲜成本高，价格的变化也很快。部分产品不但每天价格不同，而且早晚价格也有变化。

第三，质量差价大。进入 21 世纪后，我国农产品质量差价逐步拉开，同一农产品因品牌、质量等不同其价格也有很大的差距。农村经济管理者不能只简单地了解某一品种的农产品价格是多少，还需要了解在不同产地的品种规格、品牌、质量、等级条件下的市场价格。

第四，变化有一定的规律。看似起伏不定的农产品价格变化主要是由由供求决定的。在消费需求不变的条件下，生产增长后，价格会下降；在生产不变的条件下，消费需求减少，价格将下降；在消费需求增加的条件下，生产不变，价格将上涨；在消费需求不变的条件下，生产减少，价格将上涨；在消费和生产同时增加时，如果消费增长快于生产的增长，则价格上涨，如果消费增长低于生产的增长，则价格下降；在消费和生产同时下降时，如果消费下降低于生产下降，则价格将下降，如果消费下降快于生产下降，则价格上涨；当消费下降生产增加时，价格将大幅度下降，反之价格将大幅度上涨。掌握上述规律，就可以基本把握市场价格的变化趋势。

②农产品市场需求信息。在农村经济活动中，特别需要了解下列市场需求信息。

第一，批发与零售市场的产品需求。产品批发与零售市场是目前农村生产经营单位了解产品市场信息的主渠道。由于需求变化时价格也会相应发生变化，农村生产经营者还可以通过价格信息认识产品需求变化的方向及其程度。

第二，加工企业对原料的需求。有些企业需要的农产品是从市场采购的，这类企业的农产品需求信息可以从市场价格上得到反映。同时，目前也出现了大量与农业生产单位签订合同，委托农业生产单位生产的加工企业。这类企业对于农产品的需求难以从批发与零售市场上直接得到，多数需要从企业的有关信息中得到反映。

第三，直接消费需求。我国连锁企业的发展速度非常快。不少大型连锁企业有自己的生产基地，如比较知名的连锁餐馆肯德基、麦当劳、全聚德，以及欧尚、家乐福、沃尔玛等连锁超市均有自己的生产基地，所用农产品原料大部分通过订单生产。这部分产品的需求数量稳定，价格合理，能够为农村带来稳定的收入。认识这类产品的市场需求，需要从相关调查及专业统计。

第四，产品出口的需求。出口农产品一般是采购商直接与农业生产单位联系，或者农业生产单位自行组织出口，在国内农产品市场上很难了解到这方面的信息，但可以从外贸企业，或在有关进出口贸易的统计报表上了解到。

③农产品市场趋势信息。产品的价格是由供求决定的，而消费者的需求变化与收入相关。这样我们就可以通过收集有关供求变化和收入变化等信息认识产品市场供求的未来趋势。如在猪肉市场上，母猪的饲养决定仔猪的数量，如果母猪大量减少，未来市场的仔猪必然减少，在一定时期内猪肉的供应也会减少，如果需求不变，将使猪肉的价格上涨。

（2）农村生产条件信息。农村生产受自然条件的影响较大，同时也受到生产资料供应、运输、技术等条件的制约，在决策时还需要掌握这些方面的信息。

①农村生产的基本条件。土壤、气候、水文是农村生产的基本条件。了解这些条件需要掌握长时间的资料，需要进行一定的分析，需要有科学的手段。如我国的寒潮往往几年一次，受这种寒潮的影响，南方的一些种植、养殖项目会受到很大影响。在这类地区生产有关农产品时，掌握寒潮等信息就非常重要。类似的还有台风、洪水的影响等。

在某些产品的种植或养殖中，需要有一定的特殊条件。如决定柑橘甜度除了温度和日照外，还与土壤中氮、磷、钾的比例密切相关，与微量元素有关。种植柑橘时，如果不了解土壤的详细信息，就很难生产出高质量的柑橘。

②农村生产的竞争性条件。农村生产经营要取得好的经济效益，就要在市场上有竞争优势，这就需要掌握有关竞争者的信息，主要涉及以下几个方面。

第一，竞争者的自然条件。农业生产是自然再生产与经济再生产的结合，拥有良好的自然条件才有生产优势。自然条件的优劣决定了不同地区具有不同的最适合、较适合与不适合生产的农产品，根据相关信息，找到最适合本地生产的农产品，可以获得最好的经济效益。

第二，竞争者的外部经济条件。外部经济条件是指一个区域所形成的对某一产品生产销售的有利条件。当前，农村生产的专业化区域开始出现，在区域内已经形成了对相关产品的科学研究、销售组织、技术培训、生产资料供应、产品对外宣传等条件，而在其他区域内生产同种产品由于缺乏上述外部经济条件，就很难得到同样的经济效益。因此，了解竞争者的外部经济条件，知己知彼，尤为重要。

（3）农村产业发展信息。农村经济管理除需要了解市场，认识竞争者外，还要详细了解与本村产业发展有关的信息。

①产品生产总量信息。在需求相对固定的条件下，了解未来产品生产的总量，便于正确预测市场价格的变化。

②新品种与新技术信息。当前，我国农业生产的新技术、新品种、新产品不断涌现，合理运用新的技术，及时更换新的品种，在不增加或少增加投入的同时可以明显提高产量和收入水平。由于农业生产受地理条件、气候条件等因素的影响，对哪些新品种、新技术可以用于当地，需要有深入的了解和认识。

③服务信息。当前，农村服务项目在不断增加，甚至有些服务项目已经十分普遍，如种植业中的土壤分析、机耕、播种、插秧、机收等，养殖业中的饲料分析、防疫等。农村社会化服务能够提高生产的专业化水平，可以在较低投入的同时获得显著的经济效益，可以解决农村生产经营者的难题。因此，了解

服务信息，对农村生产经营十分必要。

④相关产品信息。这里的相关产品是指替代产品和相关生产资料。

第一，替代产品信息。日常生产和生活中，农产品可以相互替代，部分工业品也可以替代农产品。可替代产品的供求对市场价格也有很大的影响。替代性最主要的标志是：一种产品的供求发生变化时；另一种产品的供求也发生相应的变化，即在替代产品的供求发生变化时，会影响被替代产品的市场供求，从而使其价格发生相应的变化。因此，了解替代产品信息也很重要。

第二，相关生产资料信息。农业生产资料价格是决定农产品生产成本的重要因素之一，会影响农产品的经济效益。因此，对于农业生产资料信息也需要有一定的了解。

2. 农村信息管理工作

农村经济管理者要用好信息，就要做好信息管理工作。

（1）农村信息管理必要性

①管好用好信息才有正确决策。农村生产经营信息往往影响着农村生产经营的经济效益。信息对农村商品生产起到显著作用。当前，信息已成为农村经济发展的重要条件。如何从农村的实际出发，进行正确的决策，对于农村经济的发展有着非常重要的作用。然而，正确的决策必须以全面准确反映整个市场变化和农村经济活动的信息为依据。掌握信息和了解情况，是进行农村经济决策最起码的条件，也是决定决策正确与否的基础。

②管好用好信息才能沟通城乡联系。市场经济体制下农村经济的发展依赖于日益紧密的城乡联系，不但农产品的销售依赖于城市的需求信息，而且农村工业和服务业的发展及劳务输出等都依赖于城乡信息的沟通。农村经济管理者要管好、用好信息，可以在一定程度上缓解农村信息不畅通的问题，促进农村经济的发展。

③管好用好信息才能提高效率。当前，世界科技发达、市场广阔，为农村生产经营效率的提高奠定了基础。然而利用好科技进步的成果，打开广阔的市场，先要掌握相关信息。在信息化时代，国家疏通了信息通向农村的渠道，但有关信息真假难辨，有用的信息时常混杂在大量的无用、虚假信息中，农村经济管理者一方面要收集信息；另一方面要管理好相关信息，去粗取精、去伪存真，掌握有用的、真实的信息，从而才能真正加快农村的科技进步，真正打开更加广阔的市场。

（2）农村信息管理特点

①农村信息管理要结合农村的实际需要。农村生产经营需要的信息非常具体，仅从公共渠道中很难找到，需要农村经济管理者的长期努力，通过信息管理，从分析、判断、调查中找到农村发展所需要的有用信息。

②农村信息管理要沟通与上级的联系。目前已经建立起多个农村信息系

统，各地都建立了农村信息的专业机构，不少乡镇还设立了信息服务站。农村经济管理者要充分利用好上级有关部门提供的条件，加强与有关部门和单位的联系，以缓解农村信息管理力量不足的问题。

③农村信息管理要满足农民的多种需求。农村经济管理者既要满足农户生产经营活动中对信息的需求，满足农民外出，包括到境外从事生产经营活动的信息需求；还要满足农民生活对信息的需求，如农民卫生防疫、健康养生、医疗保险，以及文化生活方面的信息等。

（3）农村信息管理内容

①建立信息管理的相关制度。农村的情况和条件不同，建立的信息管理制度也不尽一致，主要涉及以下方面。

第一，历史信息的存档制度。农村中许多重大事件都有文字材料，这些材料既是本村历史事件发展的记载，又是日后工作的重要依据，需要将这些材料分类保管。农村与外单位签订的合同、与村民签订的合同，以及重要会议记录、重大事件记载的材料等，都需要通过制度保管起来。

第二，重大信息的收集制度。有些信息对于本村的发展至关重要，而社会上这些信息又相对零乱，农村经济组织对这类信息要建立收集制度。

第三，相关信息的公开制度。目前，不少农村实行了党务、财务、村务三公开的制度，要对农村生产经营信息和需要公开的其他信息，向村民一并公开。在制定信息公开制度时，除公开的内容外，还应包括公开的程序、公开的形式、公开的时间及对信息公开的监督等内容。

②落实信息管理的相关人员。为保证信息管理落到实处，农村经济组织需要安排信息管理人员。对于集体经济实力雄厚的农村，可以根据需要安排有关的信息收集小组；对于人口少、集体经济实力弱的农村，也应该安排专人或者兼职人员管理相关信息。信息管理人员要有较高的文化程度和一定的专业能力，而且农村经济组织要为信息管理人员提供必要的条件，使之能够切实完成信息管理的任务。

③用好现代信息技术与设备。农村信息管理中要用好现有的各种设备和技术。如有的农村通过群发短信向广大村民公开信息，速度快、效果好、费用省，受到了农民的欢迎；有不少农村还利用上级配给的计算机，开展与有关专家的网络对话和视频交流，解决了生产中的技术问题；也有不少农村通过专业的信息网络，了解农产品的产销信息；还有不少农村支持农民专业合作社发展电子商务也取得了一定的成效。

（二）农村的信息化建设

1. 加大农村信息化政策体系建设

加强农村信息化政策顶层设计与规划引导是农村信息化工作的重点。通过利用大数据手段设计农业农村信息化顶层结构，从国家层面统筹和规划大数据资源开发利用，可以促进农村信息化的快速发展。

首先，需要深入了解国际大数据的前沿动态和发展趋势。通过分析大数据行业的整体发展趋势，可以为我国的农村信息化工作提供借鉴和参考，从而更好地把握农村信息化发展的方向和重点。

其次，需要积极研发相关关键技术，为农村信息化提供技术支撑。包括大数据采集、存储、处理和分析等关键技术的研发，以及物联网、人工智能等新兴技术在农村信息化中的应用研究。

再次，需要根据我国农业农村发展的具体特点和需求，进一步拓展和深化相关领域。这包括农村电商、农产品溯源、农业科技推广等方面的信息化工作，以满足农村经济发展的需求。

最后，推动现代大数据、互联网、云计算等信息技术与农业产业的生产发展相融合，打造智能化、信息化的现代农业。通过建设数字农业示范区和智慧农场，促进农村生产方式的转型升级，提高农业生产效率和质量。

综上所述，加强农村信息化政策顶层设计与规划引导，对于推动农村信息化工作的全面发展具有重要意义，可以为农村经济发展和农民生活改善提供有力支持。

2. 完善农村信息化基础设施建设

大数据在优化农村土地、人力资源配置及解决农民信息不对称问题等方面发挥着重要作用。为了完善农业农村信息化建设，推动社会力量参与进来，首要任务是提升农村信息化基础设施水平。

首先，应该大力引进数字政务向基层推进，以提升农村基础设施水平。这包括加强农村通信网络和信息技术设施建设，为农村提供更好的数字服务环境。

其次，需要完善数字农业生产服务系统与经营信息共享系统，以数字农业为抓手，培育一批农业大数据应用示范项目。这样可以有效整合农业生产和经营信息资源，提升农村生产效率和农民收益水平。

再次，推进现代农业智慧园建设，通过智能化技术手段提升农业生产管理水平。这可以借助大数据分析技术，优化农业生产流程，提高生产效率和产品质量。

此外，整合农村人社、医保、教育等部门公共信息，建立乡村公共服务与社会救助信息共享平台，可以帮助解决农民在市场化经营中面临的信息不对称等问题。通过信息共享，让农民能够更及时了解政策信息和社会服务资源，提升他们的市场竞争力和生活品质。

最后，完善农村信息化建设需要提升基础设施水平，推动数字政务向基层推进，培育农业大数据应用示范项目，推进现代农业智慧园建设，以及建立乡村公共服务与社会救助信息共享平台，从而更好地促进农村发展和农民生活改善。

3．深化农村大数据应用建设

要深化大数据在农业生产经营、管理和服务等方面的创新应用，可以从物联网、云计算、5G等现代信息技术入手。这些技术可以实现农业生产的精准施肥、智能灌溉等，提高生产效率和质量。

同时，还需要积极组织研发适用于该地区农业发展的电子信息技术，实现对农业生产全过程的信息化管理，提高信息化农业装备的引导能力。这样可以更好地满足不同地区、不同农作物生长需求的信息化管理要求。

农村信息化建设是开展农村电子商务的基础。在利用大数据开展农村信息化建设的同时，还要加强农民对电子商务的了解，让他们获取养殖种植技术，提高农村文化素养，延长农业产业链，实现农产品直销。

通过电子商务和农村信息化建设，可以帮助农民从中获得利益，推动我国农村信息化建设快速发展，促进农村经济的发展和农民生活水平的提高。这些措施将为农村信息化建设和农业现代化发展提供重要支持和保障。

4．加快信息平台建设，做好信息采集

大数据与传统数据库不同，其更注重对信息的整理、挖掘和共享价值的体现。为完善新农村信息化建设，政府及相关主管部门需要建立信息服务平台，培训信息采集员，制定数据编码、采集、分类、共享和交换等相关标准。同时，应倡导信息主动共享和协议共享，激发农民在各方面信息资源共享的积极性。

在信息服务平台中设置"咨询交流"模块，同时让农民认识到信息化服务的价值与重要性。加大网络信息服务平台的宣传力度，告知农民具体的使用方法，并在重点领域开展示范与网络共享。此外，需要探索农业农村信息化发展机制、路径与新的商业模式，以提高农业信息化水平，培育智慧农业产业。

通过以上举措，可以促进大数据在农村信息化中的应用，推动农村经济的发展，提高农民生活水平，实现农村现代化建设的目标。

5．加强农业大数据人才培养体系建立

提高农民素质是提升农业经营效率的重要手段，现代化农业应当加快人才建设，在有针对性的培训下培育新型职业农民和农业经营主体，将他们培育成一支有自主经营意识和信息技术知识水平的"互联网＋"现代农业建设队伍。

二、农村经济管理的创新策略

农村经济管理的创新策略是实现农村经济发展、提高农民生活水平和推动乡村振兴的关键。以下是一些创新策略。

（1）科技创新驱动：加强农村科技创新，推动农业生产方式转型升级。利用现代科技手段，如物联网、大数据、人工智能等，提升农业生产效率和质量，推动农村产业的数字化、智能化发展。

（2）产业结构优化：通过调整农村产业结构，提升农业附加值和产业链水平。发展现代农业、特色农业和休闲农业，推动农村产业向高端、品牌化方向发展，提高农民收入和乡村经济的整体竞争力。

（3）金融创新支持：加强对农村金融服务的创新，拓展金融业务的覆盖范围和深度。发展农村金融机构和金融产品，提供贷款、保险、融资租赁等多样化金融服务，支持农村产业发展和农民创业。

（4）土地制度改革：推动农村土地制度改革，实现土地的流转、规模经营和集约化利用。建立健全土地流转市场和产权交易体系，保障农民的合法权益，激发土地资源的潜力，促进农村经济的发展。

（5）人才培养和流动：加强农村人才培养和流动机制的建设，吸引更多的高素质人才到农村从事产业发展和服务业务。建立人才引进政策和培训机制，培养农村新型职业农民和技术人才，提升农村劳动力素质和创新能力。

（6）乡村治理体系创新：建立健全乡村治理体系，加强基层自治和法治建设。发挥村民自治组织和农民合作社的作用，推动乡村治理的民主化、法治化和智能化，提升乡村社会管理和公共服务水平。

（7）生态环境保护：实施农村生态环境保护政策，推动农村产业与生态环境的协调发展。加强农田水利建设、农业面源污染治理和农村生活垃圾处理，保护好农村的水、土、气、生态资源，确保农村生态环境的可持续发展。

（8）文化旅游挖掘：开发农村文化和旅游资源，促进乡村旅游业和文化产业的融合发展。挖掘乡村文化历史、民俗风情等资源，建设农村文化体验园区和旅游景点，吸引游客和投资，促进乡村经济的多元化发展。

（9）政策扶持和引导：加强政策扶持和引导，为农村经济的创新发展提供政策支持和制度保障。建立健全农村产业扶贫、农产品流通、农村金融、土地流转等政策体系，鼓励农民积极参与农村经济发展，促进乡村振兴和全面建设社会主义现代化国家的目标实现。

通过以上创新策略的实施，可以有效推动农村经济的发展，实现农民增收致富和乡村振兴的目标，提升农村经济的整体竞争力和可持续发展能力。

第四章 数字经济的发展与创新策略

第一节 数字经济的发展及管理创新

一、数字经济的基础产业

（一）电子商务产业

1. 电子商务产业概述

电子商务是指利用电子手段进行的商务活动，涵盖了经济活动主体之间基于计算机网络进行的一系列商务行为。这些行为包括但不限于网上信息搜集、接洽、签约、交易等关键环节的电子化，旨在实现商务活动的高效、便捷和智能化。电子商务的发展已经成为推动经济增长和提升产业竞争力的重要动力之一。

电子商务主要关联的产业包括以下几个方面。

（1）制造业：电子商务为制造业提供了在线销售和供应链管理等新的商业模式。制造商可以直接与客户进行交易，实现产销对接和个性化定制，提高市场反应速度和客户满意度。

（2）运输业：电子商务的发展促进了快递物流行业的繁荣。随着在线购物的普及，快递物流需求大幅增加，推动了快递业务量的持续增长和服务质量的不断提升。

（3）仓储业：电子商务的兴起催生了现代化仓储业的发展。大型电商平台需要建设覆盖全国的物流仓储网络，实现商品的及时配送和库存管理，推动了仓储业的技术升级和效率提升。

（4）邮电业：电子商务活动的展开离不开邮电服务的支持。邮电企业提供了互联网接入、通讯设备和电子支付等基础设施和服务，为电子商务的发展提供了保障。

（5）电子信息业：电子商务是电子信息产业的重要应用领域之一。电子商务平台、支付系统、数据安全技术等相关产品和服务的发展壮大，推动了电子信息产业的不断创新和进步。

电子商务作为一种新型商务模式，对于推动相关产业的发展、提升经济效益和促进就业创造都具有重要意义。随着科技的不断进步和消费习惯的转变，电子商务的发展前景将更加广阔，为构建数字经济和实现经济社会可持续发展注入强劲动力。

（1）电子商务基本组成。电子商务（简称电商）是应用现代信息技术、数字技术，对企业的各项活动进行不间断优化的过程。在这个过程中包括四个要素，即商城、消费者、产品、物流；三个环节，即买卖、合作、服务。买卖环节是指各大购物网络平台通过为消费者和商家搭建电子交易平台，使商家可以在平台上销售商品，消费者可以在平台购买到更多质优价廉商品的交易过程。合作环节包括电商平台与商品提供商建立的合作关系、电商平台与物流公司建立的合作关系，以及商品提供商与物流公司建立的合作关系，这些合作关系为消费者的购买行为提供保障，也是电商运营的必要条件之一。服务是电商的三个环节之一，包括售前的咨询服务、售中的物流服务及售后的退货、修补等服务，从而可能实现再一次的交易。同时，还包括如下四个方面的关系。①交易平台。第三方电子商务平台是指提供电子商务服务信息网络系统的总和，这些服务包括撮合交易双方交易及其他相关服务。②平台经营者。第三方交易平台经营者是指在从事第三方交易平台运营为交易双方提供服务，并在工商、税务等行政管理部门领取了相关执照的自然人、法人或其他组织。③站内经营者。第三方交易平台站内经营者是指在电子商务交易平台上为保障交易的顺利进行而提供相关服务的自然人、法人和其他组织。④支付系统。支付系统是指由为买卖双方提供资金支付、清算服务的机构与传送支付指令和进行资金清算的技术手段、工具组成的，旨在实现资金的转移和债券债务的清偿的金融安排，又被称为清算系统。电子商务形成了一个从产品信息搜集到物流再到在线支付的完整的产业系统。电子商务不再只是买卖双方之间交易的简单电子化，其他行业机构如银行、物流、软件、担保、电信等也开始逐渐围绕网络客户的需求进行集聚，通过互联网这一"虚拟园区"交织为庞大的新产业环境，并进行更广泛的资源整合。电子商务是一系列有密切联系的企业和组合机构，以互联网作为沟通合作的工具和相互竞争的平台，通过虚拟合作等形式实现了跨越地理位置界限的资源共享和优势互补，形成了一个有机的系统性产业——电子商务产业。

（2）电子商务的特征。电子商务产业是现代服务业中的重要产业，具有高人力资本含量、高技术和高附加值的"三高"特征，以及新技术、新业态和新方式的"三新"特征，素有"朝阳产业""绿色产业"之称。从电子商务系统的内在机制、关系和性质看，电子商务还具有四个方面的主要特征。一是广泛的沟通机制。电子商务凭借网络工具，造就了一个真正意义上的无形市场，使交易的参与者、交易的场所、交易的支付结算形式突破了时间和空间的界限，为企业提供了无限的潜在商机。二是信息的及时性、完备性。电子商务应用于互联网，企业可以及时地发布信息，消费者也可以及时地获取信息。同时，针对企业本身及企业生产的产品质量信息，消费者可以通过搜索引擎对其有一个比较全面的了解。三是信息的动态更新。数字经济下的电子商务产业的各种信息一直在不断持续更新。供求信息不停更新，商品资金不停流动，交易双方也不停地变更。四是形成全球统一的市场。通过国际互联网，地球一端的交易者可以和另一端的交易者进行实时在线交易，资金可以通过电子支付客户端在极短的时间内从一端转向另一端，货物也可以通过现代发达的航空、铁路、海运等物流方式在很短的时间内到达购买方的手里。

2. 电子商务产业的发展历程及状况

电子商务是随着计算机技术和信息技术的发展而发展的，自计算机技术及信息技术诞生之初，世界各国就重视其在商务中的应用。电子计算机普及率的迅速提高及互联网的高速发展，使以互联网为基础的电子信息基础设施成为现代信息传播的主要手段，电子商务产业开始形成。世界电子商务产业的发展大概经历了以下四个阶段。

第一阶段：从19世纪30年代开始的以电子通信工具为基础的初期电子商务。该阶段人类开始使用诸如电报、电话、传真、电视等电子手段进行传递信息、交接商务文件、谈判、支付及广告等的商务活动。在电报发明之后，电子手段首次被人们运用于进行商务活动的实践，电信时代的序幕也由此拉开。用声音传递商务信息则开始于贝尔和华生在19世纪70年代发明的电话。此时受技术限制，人们只是尽可能地运用一些电子手段来为商务活动带来便利。

第二阶段：兴起于20世纪60年代，以电子数据交换为基础的电子商务。该阶段主要表现为伴随着个人计算机的诞生以及企业间专用网络的不断发展，作为电子商务应用系统雏形的电子数据交换（EDI）技术和银行间的电子资金转账（EFT）技术开始应用于企业间信息的传递，可以使商业信息、数据和文件等及时从一台计算机传递到另一台计算机，从而提升商业的运营效率，降低商业成本。但企业使用专用网络与设备的费用太高，且极其缺乏相关人才，严重阻碍了电子商务的发展。

第三阶段：开始于20世纪90年代的以互联网为基础的电子商务。该阶段由于因特网在全球迅速普及和发展，一种以互联网为基础的电子商务运营模式出现。该模式以交易双方为主体，借助网上支付和结算工具，以客户信息数据库为依托成为现代电子商务产业运营模式的雏形。

第四阶段：从21世纪开始人们进入E概念电子商务阶段。该阶段随着电子商务的深入发展和人们对电子商务认识的深化，人们对电子商务的内涵有了更新的认识，对电子商务的实质有了更全面的认识，认为电子商务事实上就是将电子信息技术广泛地应用于各种商务活动。现代经济是商业经济，现代的人类社会活动也都或多或少地涉及商务活动，因此现代电子信息技术使电子商务可以更多、更大范围地渗透人类社会活动成为可能，使电子商务活动可以与教育、医疗、金融、军事和政府等相关领域结合，拓展了电子商务的作用领域，E 概念由此形成。比如与教育结合形成的电子教务——远程教育成人高校，与医疗结合衍生出电子医务——远程医疗等。其实质是将电子信息技术应用于社会各个领域，从而扩大电子商务的作用域，使得电子商务全面地融入社会各个领域。

现今，随着云计算、物联网、大数据技术的日渐成熟和广泛应用，电子商务产业在 E 概念电子商务阶段进一步发展，也发生了很多变化。

物联网对电子商务产生了深远的影响，主要体现在以下几个方面：

首先，物联网技术的应用改善了产品的质量监控。通过条码技术、二维码技术、RFID 技术和 GIS 技术等手段，产品生产、运输、存储和销售的全过程都可以进行实时监控。例如，在生产阶段，原材料可以嵌入 EPC 标签，记录产品的生产过程，而消费者购物时只需扫描 EPC 标签即可获取产品的所有信息，实现对产品质量的全面监控。

其次，物联网改善了供应链管理。物联网技术影响着供应链的制造、仓储、运输和销售环节，提升了企业和供应链对市场需求变化的反应能力，加快了反应速度。这有助于企业更好地管理库存、调配资源，提高供应链的效率和灵活性。

最后，物联网提升了物流服务质量。利用物联网技术，可以实现对物流过程的实时追踪和监控，从而提高了物流服务的准确性和及时性。物联网技术的应用使得物流管理更加智能化和自动化，如实时数据获取、自动分拣等，提高了作业效率，降低了仓储成本，优化了供应链的各个环节。

物联网技术在电子商务领域的应用促进了产品质量监控、供应链管理和物流服务质量的提升，为电子商务的发展带来了新的机遇和挑战。随着物联网技术的不断创新和普及，相信其在电子商务领域的应用将会越来越广泛，为商业模式的变革和产业升级提供强有力的支撑。

另一方面，电子商务受大数据影响而产生了变化。一是实现渠道优化。大数据的本质就是从海量的数据中分析出全面有效的信息，大数据使电商企业能寻找到更多的目标客户，优化营销渠道资源的投放量。二是精准营销信息推送。从海量数据中分析出目标客户更多的信息，包括年龄、性别、偏好等，就可以向目标客户发送其需要的营销信息。三是连接线上、线下营销。电商企业可以通过互联网在线上将客户需要的信息发送给客户。如客户对产品持怀疑态度，即可联系线下当面交易。

电子商务整合了商务活动中的人流、物流、资金流、信息流，四流合一，使电子商务产业更加具有市场全球化、交易连续化、成本低廉化、资源集约化等优势。在现代技术强力推动世界各地区对电子商务产业的重视下，全球电子商务市场高速发展。

在中国，电子商务产业受技术、政策等内外因驱动，电子商务市场规模保持快速增长。

（二）信息技术产业

1. 信息技术产业概述

（1）信息技术产业的特征。信息技术产业是一门综合性的产业，其广泛的应用和普及性使其与其他产业密切相关，并且已经在社会经济活动的各个环节中发挥着重要作用。现代信息技术的应用已经贯穿到各个产业的生产、管理和营销过程，从设计和快速成型到自动化生产控制、智能化仓储管理及数字化营销（电子商务），信息技术已成为各个产业中不可或缺的一部分。这些产业的市场价值和产出中都蕴含着信息技术和信息劳动的价值。

信息技术产业以现代科学理论和技术为基础，运用最新的电子信息技术，包括计算机、互联网和通信技术等，是一门高科技含量的服务性产业。其发展不仅可以提高国民经济增长率，改善国民经济发展结构，而且对整个国民经济的发展具有重大意义。信息技术产业通过提升经济信息的传递速度，使信息传递更及时、可靠和全面，从而提高了各产业的劳动生产率。同时，信息技术产业加快了科学技术的传播速度，缩短了科学技术从发明到应用于生产实践的时间距离。

信息技术产业的发展还推动了知识密集型、智力密集型和技术密集型产业的发展，有利于国民经济发展结构的改善。随着信息技术产业的不断发展和进步，它将继续在推动经济转型升级、提高产业竞争力、促进经济社会发展等方面发挥重要作用。因此，政府和企业应加大对信息技术产业的支持和投入，推动其持续健康发展，实现经济高质量发展的目标。

（2）信息技术产业的作用。首先，信息作为经济中的基础性资源发挥着越来越重要的作用。信息技术为人们搜集、整理、扩充、使用信息提供了多种便利条件。IT技术及相关制造业的高速发展，使得计算机网络系统、光纤等铺设成本大大降低，使得与生产、处理和传输信息的设备的成本大大降低。现代信息服务企业通过搜集、整理、存储、分析信息转型为海量信息源的提供商，以满足人们生产、生活中对信息的需求。各个领域的专家、学者及政府部门得到所需要的信息越多，则科学研究、政府决策的效率就会越高。信息资源日益成为物质生产力提高及社会财富的源泉。

其次，信息技术产业促进社会经济向信息化、数字化的转变。信息作为基础商品和服务的领域正不断扩大，而且信息商品及信息处理作为扩展商品和服务生产领域的重要因素，提高了社会财富的生产效率。信息技术产业的发展在提高社会经济效益的同时已经成为重要的国民经济增长点。

再次，信息是世界共同的"语言"，信息让世界联成一体。世界上从事与信息有关的工作、活动的人数越来越多，信息技术产业的规模越来越大，使信息技术产业成为最能容纳就业人数的产业部门，因此成为国民经济中发展最快的产业。

最后，信息技术产业是未来经济中具有最大潜在效益的产业。信息技术产业的发展为其他产业销售产品提供了巨大潜在市场，将强有力地带动相关产业的发展，所以信息技术产业成了社会生产力发展和国民经济增长的新生长点。

20世纪90年代以来，作为现代高新技术基础的信息技术取得了突飞猛进的发展，推动了信息技术与经济活动的高度渗透与融合，使得信息技术产业具备极强的渗透性、带动性，在不断地创新与扩散、发展和迭代中，带动了一系列相关产业的发展。信息技术产业是知识密集、智力密集、高投入、高增值、高增长、高就业、省能源、省资源的综合性产业。

2. 信息技术产业的发展历程及现状

（1）传统信息产业时代。传统信息产业时代始于16世纪中叶，以传统图书为信息传递工具和载体，是图书普及的时代。该时期的代表性部门包括传统的图书出版业、造纸业、印刷业和图书发行业。纸张的发明促进了造纸业的兴起，并推动了图书、报纸等出版物的出版和邮政业务的发展。

图书业的真正兴起始于中国西汉末期。造纸术和印刷术是传统信息产业时代的主要信息技术。在这一阶段，造纸和印刷技术相对落后，信息生产能力和效率较低，因此信息产业的规模相对较小。

总的来说，传统信息产业时代的特征是技术相对落后，信息生产能力有限，产业规模不大。然而，正是这一时期的信息技术和产业基础奠定了后来现代信息产业的发展基础，为信息时代的到来做出了重要贡献。

（2）大众媒介传播时代。大众媒介传播时代始于16世纪中后期至19世纪中期。这一时期，随着工业革命的兴起和近代科学技术的迅速发展，人们对信息的需求急剧增加，促进了印刷等信息技术的重大进步。图书出版业蓬勃发展，现代报纸和期刊的出现标志着信息产业进入了大众媒介传播时代。

大众媒介传播时代的特点包括：传统的图书出版业规模进一步扩大，现代造纸、印刷技术与产业迅速发展，报纸等媒介的影响也在迅速扩大。现代报纸和期刊的出现为信息产业开创了新的时代，使信息传播更加广泛和便捷，对社会的影响力也愈加显著。

在这一时期，大众媒介的兴起加速了信息传播的速度和范围，为社会的发展和进步提供了强大的推动力。同时，这也为后来的现代信息产业的发展奠定了坚实的基础，为信息时代的到来做出了重要贡献。

（3）现代信息产业时代。从19世纪40年代人类历史上第一封电报的发出开始，信息技术产业进入了以电信号为传输载体的现代信息产业的新阶段。

在这一阶段，信息技术产业经历了突飞猛进的发展，逐渐在现代经济中扮演了越来越重要的角色。一系列革命性的信息技术创新相继出现，如电话的发明、成功铺设的大西洋电缆，以及世界上第一个广播电台——KDKA 广播电台的开播。

这一时期的特点是，每一次信息技术的进步都会导致信息技术产业的内涵发生改变，并且规模进一步扩大。传统的图书出版业、印刷和造纸业等行业持续扩大，同时广播电视产业和通信产业也成为信息技术产业中的代表性产业。

在这一阶段，信息技术产业的快速发展极大地促进了经济的增长和社会的进步。电话、电报等通信技术的普及使信息传输更加迅速和便捷，广播电视的出现加强了信息传播的覆盖范围，通信技术的进步推动了人类社会的全球化进程。这些创新不仅改变了人们的生活方式，也为信息时代的到来奠定了坚实的基础。

（4）以计算机和互联网为中心的时代。当前世界正发生着人类社会发展史上从未有过的最迅速、最广泛、最深刻的变化，各国之间激烈的综合国力竞争主要是以作为高新技术代表的信息技术和信息化水平及信息产业发展水平为竞争着力点。人类社会的进步和经济的发展已经深受信息化的影响，世界各国对此都十分关注，尤其是发达国家和发展中国家对信息化的发展更是重视，加快推进信息化和信息产业发展已经成为其社会经济发展的国家战略任务。信息化是重要的生产力，信息化包括将信息的数字化、对数字化信息的存储及信息的网络化传递与共享等。在数字经济体系下，信息化则更加注重数字化，数字技术的广泛应用使得整个社会和经济系统数字化，整个经济社会和所有的经济活动的信息都可以用"0"和"1"两个数字表示。

二、数字经济的技术前瞻

（一）云计算

1. 云计算的发展历程及现状

现代信息技术的进步与经济社会发展对高质量信息需求的相互作用催生出云计算。一方面，互联网技术的进步增加了大众对个性化信息的需求。个性化信息需求产生信息服务，两者相互促进。互联网技术的进步，扩大了互联网的应用领域和用户规模，影响力不断增强。大众信息需求涉及学习、生活、工作和娱乐等方方面面，从最初的电子邮件服务到现在的搜索引擎、网上购物、网络新闻、数字图书馆、网络游戏等，互联网已经成为社会系统必不可少的一部分，并成为重要的基础设施。另一方面，用户对个性化信息需求的增加，促进了更先进的计算的产生。现代社会发展的速度在不断加快，人类对信息的需求激增，需要更多的信息，也需要更先进的加工信息的技术手段来提高信息的质量。

传统的计算方式已不能处理如此大规模的数据。因此，分布式处理模式的云计算应运而生。云计算的发展历程分为如下三个阶段。第一，前期积累阶段。云计算从计算提出开始，所以前期积累阶段包括图灵计算的提出，虚拟化、网格、分布式并行等技术的成熟，云计算概念的形成，云计算技术和概念的积累等。第二，云计算初现阶段。云计算的初现以 Salesforce 成立并推出软件即服务（SaaS）、又成立的 LoudCloud 推出基础架构即服务（IaaS）以及 Amazon 推出 AWS 服务为标志，自此 SaaS 和 IaaS 云服务都出现了，并被市场接受。第三，云计算形成阶段。云计算的形成阶段是以 Salesforce 发布的 Force.com 也就是平台即服务（PaaS）以及 Google 推出 Google App Engine 等为标志，自此基础架构即服务（IaaS）、平台即服务（PaaS）和软件即服务（SaaS）三种云服务模式全部出现。

当前，云计算的技术日趋成熟，处于快速发展阶段，云计算的运用也越来越广泛。尤其是云计算为大数据的计算提供了可能，同时大数据的应用在很大程度上拓展了云计算的应用范围。

2．云计算的概念

云计算又称云服务，是一种新型的计算和应用服务提供模式，是在通信网、互联网相关服务基础上的拓展，是并行计算、分布式计算和网格计算的发展。云计算是一种新型的计算模式，这种模式提供可用的、便捷的、根据需要并且按照使用流量付费的网络访问，进入云计算资源共享池，包括网络、服务器、存储、应用软件、服务等资源，只需投入很少的管理工作，或者与服务供应商进行很少的交互，这些资源就能够被快速、及时地提供。一般地，云计算分为三个层次的服务：基础架构即服务（IaaS）、平台即服务（PaaS）和软件即服务（SaaS）。

基础架构即服务（IaaS）是通过互联网提供数据中心、基础架构硬件及软件资源，还可以提供服务器、数据库、磁盘存储、操作系统和信息资源的云服务模式。平台即服务（PaaS）只提供基础平台，软件开发者可以在这个基础平台上开发自身需要的应用，或者在现有应用的基础上进行拓展，同时不必购买相关的硬件设备，也不必购买或开发基础性的应用或者应用环境。软件即服务（SaaS）是一种应用软件分布模式。在这种模式下，应用软件安装在厂商或者服务供应商那里，用户可以通过某个网络来使用这些软件，不必下载安装，只需通过互联网与应用软件连接即可使用。它也是目前技术更为成熟，应用上也更为广泛的一种云计算模式。人们所获取的云资源大多是基于软件即服务。云计算改变了传统的 IT 商业模式，使消费模式由"购买软硬件产品"转变到"购买云服务"。

3．云计算的特点

云计算的基本理念是将诸多复杂的计算程序、设备等资源放进"云"里，通过提高"云"的计算能力，降低应用客户端的负担，使应用客户端简化成一个单纯的输入输出设备。云计算主要具备以下特点。

虚拟的集中式与现实的分布式处理，动态地对资源进行分离与分配。云计算支持大量用户在任意的位置，通过相应的客户终端和高速的互联网，将分布于各处的云资源虚拟地集中在一起，从而使客户快速地获得从原资源里分离出的服务。"云"将用户所请求的资源从原资源中分离出来，分配给用户，无须回收资源，提高了资源的利用率。

降低客户终端设备要求，且通用易扩展。云计算对客户终端设备的要求极低，用户不需要购买高配置的终端设备，也不需要购买或者开发高端的先进的应用程序，只需要配备适合获取云资源的基础应用环境即可。比如，用户只需要一个手机，并在浏览器中键入 URL 就可以轻松地获取自己需要的云资源。同时，云计算不针对特定的应用，只需要一般的相关设备即可获得云资源，形成的"云"规模可以动态伸缩，满足应用和用户规模增长的需要。

自动化集中式管理降低成本和技术门槛。云计算采用特殊的措施和极其廉价的节点构成云资源共享池，通过自动化集中式管理，向用户提供优质的云资源和应用开发环境，从而使很多企业无须再承担高昂的数据、资源等管理成本和研发成本，进而降低了技术开发的门槛，提高了资源的利用率。

按需提供服务，数据安全可靠。通过"云"计算，用户可根据自身需要，向"云"请求所需要的资源，然后获得"云"分配的资源。同时，在云计算的应用模式下，人们可以将自己的资料、应用等上传至云资源池中，用户只需要连接互联网即可访问和使用数据。此外，多副本容错、计算节点同构可互换等措施保证了数据的安全性，从而使数据共享和应用共享变得更加便捷、安全、轻松。而对于"云"数据和相关的基础设施，一般会有专业的 IT 人员进行维护，及时对病毒和各类网络攻击进行防护，用户对客户终端进行日常的管理和维护即可。

（二）物联网

1．物联网的发展历程及现状

在一定程度上可以说物联网还处于概念起步阶段。虽然物联网在很多方面得到应用并且取得很好的效果，但是还远未达到人类提出物联网的初衷，或者说是远未达到人类想要通过物联网促成人类社会的革新的目的。尽管如此，物联技术的发展仍然受到世界各国的高度重视。

从国内看，我国"物联网"的研究、开发和应用工作进入了高潮。至今，物联网的应用越来越广泛，与其他技术、其他行业的深度融合在不断加剧。

2．物联网的概念

物联网就是物品与物品相连，实质是提高物与人联系的能动性和人对物的感知性，具体而言是所有的物品通过射频辨析（RFID）、红外感应器、全球定位系统、激光扫描器、气体感应器等智能感知辨析技术与互联网，传统电信网等信息载体连成一个覆盖范围更广的"互联网"。实现了物品与互联网和通信网的有机整合，实现了人类社会与物质系统的有机整合，人类可以及时了解自身所需物品的多维信息，如哪里有库存、数量、质量、在途中哪里等。

物联网的结构可以总体归纳为三层：感知层、网络层和应用层。在物联网中，物质系统通过这三个层次与人发生联系。感知层利用传感器、RFID等设备将物质系统纳入网络，这些设备搭载有具有一定感知、计算和执行能力的嵌入式芯片和软件，使物体智能化。网络层通过互联网等通信网络实现信息传输和共享。应用层则实现了物与物、人与人、人与物之间的全面通信。

在物联网中，不仅仅包括了人与人之间的通信，更重要的是物与物之间的通信。物与物之间的通信能够创造价值，推动整个通信领域的发展。因此，物联网的发展不仅为人类生活和工作带来便利，也为通信技术的进步提供了动力和机会。物联网的价值在于促进物与物之间的互联互通，为各个行业和领域的发展带来新的机遇和可能性。

3．物联网的特点

物联网是互联网的拓展，将联系人与人的互联网拓展到了物质世界，它包含了传统互联网的所有特点，它与过去的互联网相比也有自己的特点。一是物联网具有全面的感知性。物联网应用多种感知技术，通过部署大量的各种传感器获得信息，每一个传感器就是获取信息的中介，每一个传感器所接收的信息也不同。二是物联网能进行准确、可靠地传输。互联网仍然是物联网的内在基础和核心，物联网借助各种广泛的有线和无线网络实现与互联网的融合，使物的信息能够实时、准确地传递出去，实现物的智能化，进而使传统互联网的覆盖范围得到更加广泛的扩展。物联网可以将终端上的数字化、微型化、智能化的传感器定时采集的信息依靠互联网等通信网络传递出去。因为其数据量巨大而构成了海量信息集合，为了确保信息传输的及时性和可靠性，物联网需要适应不同的异构网络和传输协议，以实现高速且可靠的传输。三是物联网能够实现智能化处理。物联网提供连接传感器的方式和智能化处理的能力，以实现对物的智能化控制。传感技术和智能化处理的广泛结合，使物联网可以更加深入、更加广泛地利用云计算、专家系统、遗传算法和模式辨析等各种智能技术，拓展其应用领域。同时，为满足不同用户的多样化需求以及发现更符合需要的应用模式或应用领域，物联网可以从传感器获取的海量数据信息中分析、提取和加工出所需要的数据信息。

物联网的本质特征归纳起来主要有三个方面：首先，具有互联网特征，即对需要相互联系的物一定要能够形成互联互通的网络；其次，具有自动辨析与通信特征，即纳入物联网的"物"一定要具备自动辨析与物物通信的功能；最后，具有智能化特征，即整个物联网系统应具有自动化辨析、自我反馈与智能控制的特征。

对物联网整个系统进行分析，物联网还具有以下系统性特点。一是即时性、连续性特点。人们借助物联网随时随地、不间断地获得物联网世界中物与人的信息，包括属性以及现实状态等信息。二是加强了物质世界的联系，加强了人与物质世界的联系。物联网使物质世界更加普遍地连接以及更加广泛地联系，由于物联网的不断扩张，这种连接和联系还在不断加深、加强，这种连接与联系的加深、加强很大程度上也提升了人类的能动性和物的智能化能力，促使人类世界与物质世界更深度地融合。三是物联网更具系统性。物联网的技术与其他技术的不断融合、与其他行业的不断融合，扩大了物联网覆盖的范围，体现出物联网的系统性特征。物联网为人类社会与物质世界提供了联系的纽带，使整个世界的发展更具系统性。

三、数字经济的创新管理

（一）数字化革新的实施方式

1. 数字化革新的核心理念与价值

数字化革新是指利用数字技术重新组合数字与实物组件，创造新产品和服务，提升其价值，开辟企业发展新领域，并挑战现有市场格局，最终引发商务模式和生产模式的转变。经历电气自动化阶段后，数字化革新已经进入完全数字内容产品与数字智能阶段。通过数字化技术，实物产品可以具备人工智能行为，如动作指挥、位置确认、模式选择、自我学习和记忆回溯等。数字化革新不仅改变了价值生成结构，还创造了强大的新价值生成力。数字技术不仅可以创造新产品，还能提升组织运营效率，开拓新的商业模式。

数字化革新对企业的影响体现在多个方面。首先，它放大了企业的组织适应性、业务开拓性和技术灵活性。通过与外界高频次交互，企业能够改善自身能力，实现自生成拟合，从而实现创新。其次，数字化革新使组织重新审视其在数字社会网络中的空间价值。在数字商业环境中，通过数字化网络提供新的商业解决方案和寻找新机遇的能力至关重要。企业在数字化商业空间中的位置决定了其在数字化革新中的价值。

总的来说，数字化革新为企业带来了组织适应性、业务开拓性和技术灵活性的增强，同时也赋予了企业在数字社会网络中重新审视其空间价值的能力。这些价值的实现不仅对企业自身有利，也为整个数字商业生态系统的拓展提供了新的机遇。

2. 数字化革新的一般策略与特征

数字化革新经历了一个由简入繁、日渐丰富的过程。以网络购物为例，初始阶段是简陋的订购目录展示和电子邮件商务，随后不断演进，现有的在线销售模式以在线推荐系统、比价系统、定位系统、陈列系统和长尾体系为主要利益来源，日趋完整与完善。在数字化革新中，可归纳为两种策略：数字嵌入策略和完全数字策略。

数字嵌入策略是将嵌入式数字组件植入实物产品或机械系统，使产品升级为智能实物产品，并利用在线和移动服务数据不断改善产品或服务的品质。在家电领域，微智能技术的广泛应用如自动扫地机、智能电视等；在出租车行业，新型出租车企业应用客户竞争报价与实时呼叫系统改造传统出租车行业。同时，这种策略也在工业生产中得到应用，如嵌入式数字产品在产品设计、定制生产技术、3D打印技术、实时仓储技术和机器人技术等方面的应用。嵌入式数字产品使得实时监控和预测替代了传统的计划式生产，渗透到产品设计和生产的各个环节中，推动着产业的数字化转型。

完全数字策略是指将信息产品以完全数字式的模拟形式呈现在电子终端设备中，如电子图书、地图导航、股市监测、互联网游戏等，也被称为数字内容产品。随着数字终端设备的不断普及，数字内容产品已成为大众重要的消费构成。

市场消费模式的改变导致媒体行业处于转型中，纸质报纸、磁带等传统信息载体逐渐退出历史舞台，媒体企业不得不减少传统产品产量，转向新的电子媒介。大型电器零售和百货零售企业也开始收缩实体门店，转而经营在线市场，表明以信息不对称为支撑的传统服务业正面临颠覆性革新。

数字化驱动下，完全数字策略推动了传统行业的转型，促使企业调整经营战略，加速向数字化转型迈进。这种策略不仅满足了消费者日益增长的数字化需求，也为企业开拓新的商业模式和服务渠道提供了契机，推动了整个产业结构的变革和创新发展。

数字化革新的两种策略看似简单，任何企业实施都需要面对其独特性的挑战。首先，数字化革新节奏快、变化大。数字技术具备可塑性，可以快速重新组合为新产品。这种快节奏不断刺激企业快速开发"混合"或"智能"型数字产品，也不断快速淘汰企业的"新"产品。其次，数字化革新过程难以控制和预测。由于生成过程的复杂性，数字产品创新常常不是由单一企业有组织完成的，而是由数量庞大、形式各异、没有事先分工的大众自发形成的随机创新。此外，企业利用数字技术模块或平台的形式来创新产品，可以产生越级创新，每一次创新又会为下一次越级创新提供平台，这样的随机创新与迭代开发形式使得数字化革新极为复杂。

数字化革新是一种手段，行业新进入者与已有巨头间的数字化博弈最终导致行业层面的巨大转变，当然，这种转变也伴随着企业个体的组织管理形式的改变。

（二）数字化革新的组织管理形式

数字化革新的组织管理形式可以从两个维度进行分析。

第一维度，可以从创新的关键数字资源和知识的集中度入手。在一个极端情况下，高度集权、垂直管理的数字化系统或企业，其拥有所有优质核心资源的控制权，能够以低成本获得高质量的创新。这种垂直一体化创新型企业通过自上而下的创新管理过程，调动资源实现目标。另一种情况是，在开放式、模块化、自适应的数字化现代商业环境中，创新往往出现在一个高度离散的商业市场中，其中没有一个正式的层次结构，也没有一家企业掌握所有的核心资源。在这样的创新环境中，所有参与者是一个共同利益体，虽各自创新、快速学习，但创新的成果将不断相互叠加、嫁接，最终形成多元复合的新数字产品。

第二个维度是相关资源的功能属性。数字资源既是连接性资源也是融合性资源。连接性资源扩大了创新的应用范围，克服了时间与社会边界的限制，减少了时间成本。这种连接性数字化革新可以提升流程效率和协作能力，实现多个组织的知识或资源的协同。与连接性资源相对应，数字化革新还能创造另一种融合性资源。嵌入式数字产品可以通过融合性操作转化为新产品，从而创造新的功能。数字融合在技术创新层面几乎不需要外部创新网络的支持，同时又可以使传统产品具备可操纵性与智能性，这是数字产品创新的显著特征。通过数字融合，在未来，传统实物产品将兼具交互功能、实时服务功能（如家庭设备智能化）和根据外部环境自我决策的功能（如无人驾驶汽车）。

第二节　数字经济的管理战略抉择

一、加快企业和市场的数字化创新步伐

中国推动数字经济发展，首先要解决的问题是如何从国家和政府层面采取积极的战略行动保障数字经济加快发展。

（一）加快企业和市场的数字化基础建设

因为信息化是数字经济发展的基础，大数据是数字经济发展的新平台、新手段和新途径，所以深入推进国家信息化战略和国家大数据战略，是加快数字经济时代企业和市场数字化基础建设的前提，是从国家和政府层面解决数字经济发展"最先一公里"的问题。

1. 深入推进国家信息化战略

（1）信息化与数字经济的关系。早在 20 世纪 90 年代，数字经济的提法就已经出现。21 世纪以后，云计算、物联网等信息技术的出现，又将数字经济推向了新一次高峰。同时，大数据、人工智能、虚拟现实、区块链等技术的兴起为人们带来了希望，世界各国不约而同地将这些新的信息技术作为未来发展的战略重点。如今，数字经济引领创新发展，为经济增长注入新动力已经成为普遍共识。

通过数字经济的发展历程来看，数字经济可以泛指以网络信息技术为重要内容的经济活动。因此，从某种意义讲，数字经济也可以通俗理解为网络经济或信息经济。

现代信息技术日益广泛地应用，推动数字经济浪潮汹涌而至，成为带动传统经济转型升级的重要途径和驱动力量。根据数字经济的内涵和定义分析，信息化为数字经济发展提供了必需的生产要素、平台载体和技术手段等重要条件。换言之，信息化是数字经济发展中的基础。信息化解决信息的到达（网络）和计算能力的廉价（云计算）及到达和计算能力的可靠性、安全性保障。具体表现为信息化对企业具有极大的战略意义和价值，能使企业在竞争中胜出，同时企业信息化的积极性最高，因此在信息化中企业占据主导地位。如近些年出现的云计算、人工智能、虚拟现实等信息化建设均以企业为主体，主要是由于在信息社会，信息本身就是重要商品，人们大量地消费信息。数字经济的特点之一就是信息成为普遍的商品，主要任务是跨过从信息资源到信息应用的鸿沟。信息化是个人成长和需求发布及沟通的重要通道，是社会公平和教育普惠的基础，信息化使个人拥有极大空间：这是因为按需生产是数字经济的一个重要特征，而要做到按照需求合理地供给，必须靠信息。信息化是提升政府工作效率的有效手段，是连接社会的纽带。政府是信息化的使用者，同时由于信息化的复杂性，政府需要对信息化加强引导和监管。

（2）加快推进国家信息化战略。21 世纪，促进数字经济加快成长，让企业广泛受益、群众普遍受惠。衡量数字经济发展水平的主要标志是人均信息消费水平。按照《国家信息化发展战略纲要》要求，围绕"五位一体"总体布局和"四个全面"战略布局，牢固树立创新、协调、绿色、开放、共享的新发展理念，贯彻以人民为中心的发展思想，以信息化驱动现代化为主线，以建设网络强国为目标，着力增强国家信息化发展能力，着力提高信息化应用水平，着力优化信息化发展环境，让信息化造福社会、造福人民，为实现中华民族伟大复兴的中国梦奠定坚实基础。

（3）先行先试：加快国家信息经济示范区建设。一是打造经济发展新引擎，在制造业与互联网的深度融合、社会发展的深度应用、政府服务与管理的深度应用上开展示范；二是培育创新驱动发展新动能，突破信息经济关键核心技术，推进科技成果转化与应用，大力实施开放式创新；三是推进体制机制创新，重点在信息基础设施共建共享、互联网的区域开放应用和管控体系、公共数据资源开放共享、推动"互联网＋"新业态发展、政府管理与服务等方面进行探索创新，以此持续释放信息经济发展红利。

2．加快推进国家大数据战略

随着云计算、大数据、移动互联网、物联网和人工智能的出现，推动了第二次信息革命——数据革命，进入数字经济2.0时代。此时期，大数据的迅速发展起到了更为关键的作用。

（1）大数据发展形势及重要意义

①大数据成为推动经济转型发展的新动力。以数据流引领技术流、物质流、资金流、人才流，将深刻影响社会分工协作的组织模式，促进生产组织方式的集约和创新，大数据推动社会生产要素的网络化共享、集约化整合、协作化开发和高效化利用，改变了传统的生产方式和经济运行机制。

大数据持续激发商业模式创新，不断催生新业态，已成为互联网等新兴领域促进业务创新增值、提升企业核心价值的重要驱动力。随着大数据技术的不断发展和应用，传统产业正逐步向数字化、智能化转型，从而提升生产效率和质量，降低生产成本，提高资源利用效率。

大数据产业正在成为新的经济增长点，将对未来信息产业格局产生重要影响。大数据的发展不仅推动了传统产业的升级和转型，也为新兴产业的崛起提供了巨大机遇。在数字经济时代，数据已成为重要的生产要素之一，数据资源的有效利用将成为企业竞争的关键。

总的来说，大数据的发展已经深刻改变了我们的生活方式、工作方式及经济运行模式，推动了数字经济的快速发展，对社会产业结构和经济增长模式产生了深远影响，必将在未来的经济发展中扮演越来越重要的角色。

②大数据成为重塑国家竞争优势的新机遇。在全球信息化快速发展的大背景下，大数据已成为国家重要的基础性战略资源，正引领新一轮科技创新。我国拥有庞大的数据规模优势，充分利用这一优势，实现数据规模、质量和应用水平同步提升，发掘和释放数据资源的潜在价值，对于更好地发挥数据资源的战略作用具有重要意义。这不仅有利于增强网络空间数据主权保护能力，维护国家安全，还能有效提升国家竞争力。

随着信息技术的迅速发展，数据已成为现代社会生产、经济和社会管理的核心要素。大数据的应用正在带动产业结构的转型升级，推动经济增长模式的转变。在这一背景下，我国政府正在加大对大数据产业的支持力度，鼓励企业加强数据资源的整合和创新应用，促进数据资源的高效利用，推动经济社会发展迈向数字化、智能化的新阶段。

同时，充分发挥数据规模优势，加强数据质量管理和安全保障，对于保障国家网络空间数据主权具有重要意义。加强数据安全管理，构建健全的数据安全体系，不仅可以有效防范网络安全风险和威胁，还能提升国家在国际网络空间的话语权和影响力，维护国家利益和国家安全。

因此，我国应充分认识到大数据的战略价值，加强数据资源的管理和开发利用，提高数据质量和安全性，以实现数据资源的最大化价值，为经济社会发展提供有力支撑，推动国家竞争力的持续提升。

3）大数据成为提升政府治理能力的新途径。大数据应用能够揭示传统技术方式难以展现的关联关系，推动政府数据开放共享，促进社会事业的数据融合和资源整合，将极大提升政府整体数据分析能力，为有效处理复杂社会问题提供新的手段。建立"用数据说话、用数据决策、用数据管理、用数据创新"的管理机制，实现基于数据的科学决策，将推动政府管理理念和社会治理模式的进步，加快建设与社会主义市场经济体制和中国特色社会主义事业发展相适应的法治政府、创新政府、廉洁政府和服务型政府，逐步实现政府治理能力现代化。

大数据在政府管理中的应用可以提升政府决策的科学性和精准度。通过数据分析，政府可以更准确地了解社会经济状况、民生需求和问题症结，从而制定更加精准有效的政策措施。同时，政府数据的开放共享能够促进社会各界的参与和监督，增强了政府的透明度和公信力。

建立基于数据的管理机制可以让政府更加高效地运行。数据驱动的管理方式可以帮助政府更好地了解政务运行情况，及时发现问题并作出调整，提升政府的管理效能和服务水平。此外，数据还可以成为政府创新的重要引擎，为政府提供新的发展思路和路径，推动政府治理模式不断更新和优化。

通过大数据应用，政府可以加强对社会的精细化管理，实现更加精准的资源配置和服务供给，更好地满足人民群众的多样化需求。同时，大数据还可以为政府提供更多样化的治理手段和方法，推动政府治理能力现代化，促进国家治理体系和治理能力现代化。

（2）大数据与信息化、数字经济的关系。信息技术与经济社会的交汇融合引发了数据迅猛增长，大数据应运而生。同时，大数据的迅速发展又掀起了新的信息化浪潮，为信息产业和数字经济发展提供了新机遇和新挑战。

①大数据与信息化。与以往数据比较，大数据更多表现为容量大、类型

多、存取速度快、应用价值高等特征，是数据的集合。这些数据的集合、这种海量数据的采集、存储、分析和运用必须以信息化作为基础，充分利用现代信息通信技术才能实现。

首先，大数据推动了信息化新发展。作为新兴战略性产业，大数据不仅具备资源性、加工性和服务性，而且加速了信息化与传统产业、行业的融合发展。这一过程促进了新的信息化浪潮和信息技术革命，推动了传统产业、行业的转型升级。因此，大数据的开发利用实质上是推进信息化发展的过程。大数据在"互联网＋"模式中扮演着重要角色。"互联网＋"是一种新型经济形态，利用信息资源的膨胀增长推动互联网与传统行业相融合，促进各行业的全面发展。在这一模式中，大数据服务、大数据营销、大数据金融等发挥着关键作用，共同推进着互联网与各行各业的融合发展。未来的"互联网＋"模式是去中心化的，最大限度地连接各个传统行业中最具实力的合作伙伴，促使它们相互融合。这样，整个生态圈将会变得更加强大，为经济社会发展带来新的动力和活力。

其次，大数据是信息化的表现形式，或者是信息化的实现途径和媒介。在数字经济时代，信息技术同样是经济发展的核心要素，只是信息更多是由数据体现，并且这种数据容量越来越大、类型越来越复杂、变化速度越来越快。所以，需要对数据进行采集、存储、加工、分析，形成数据集合——大数据。因此，大数据既是信息化新的表现形式，又是新的信息化实现的途径和媒介。

②大数据与数字经济。大数据与数字经济都以信息化为基础，并且均与互联网相互联系，所以要准确理解大数据与数字经济的关系，必须以互联网（更准确地讲是"互联网＋"）为联系纽带进行分析。

互联网代表了新兴技术和先进生产力的象征，"互联网＋"战略强调的是连接，即互联网对其他行业的激活、提升和创新赋能的价值。而数字经济则呈现了全面连接之后的产出和效益，是"互联网＋"战略实施的结果。因此，可以说"互联网＋"是一种手段，而数字经济则是其实现的结果。

数字经济的发展过程与"互联网＋"战略的主题思想相一致。数字经济的发展不仅是"互联网＋"行动落地的过程，也是新旧经济发展动能转换的过程。在数字经济时代，传统行业企业将云计算、大数据、人工智能等新技术应用到产品和服务上，实现融合创新、包容发展。因此，大数据作为一种有效的手段促进了传统行业与互联网的融合，同时也是实现数字经济结果的新平台、新手段和新途径。

大数据加速了互联网与传统产业的深度融合，推动了传统产业的数字化、智能化进程，为数字经济的发展提供了必要的条件和支撑。在数字经济时代，数据成为经济发展的核心要素，促进了经济的持续增长和创新发展。

（3）加快推进国家大数据战略。《促进大数据发展行动纲要》（以下简称"纲要”）提出了在 5 至 10 年内实现五大发展目标：打造精准治理、多方协作的社会治理新模式；建立运行平稳、安全高效的经济运行新机制；构建以人为本、惠及全民的民生服务新体系；开启"大众创业、万众创新"的创新驱动新格局；培育高端智能、新兴繁荣的产业发展新生态。

为实现上述目标，《纲要》提出了重点任务要求，包括加快政府数据开放共享、推动资源整合、提升治理能力；推动产业创新发展、培育新兴业态、助力经济转型；强化安全保障、提高管理水平、促进健康发展等三个方面。

具体来说，《纲要》提出了十大系统工程，涵盖了政府数据资源共享开放工程、国家大数据资源统筹发展工程、政府治理大数据工程、公共服务大数据工程、工业和新兴产业大数据工程、现代农业大数据工程、万众创新大数据工程、大数据关键技术及产品研发与产业化工程、大数据产业支撑能力提升工程、网络和大数据安全保障工程等方面，旨在全面推进大数据发展，促进数字经济的持续健康发展。

此外，还需要从法规制度、市场机制、标准规范、财政金融、人才培养和国际合作等方面，为大数据推动数字经济发展提供政策保障。

（二）进一步优化数字经济发展的市场环境

国家信息化战略和大数据战略的深入实施，大大提高了企业和市场的数字化基础建设的水平，分别为数字经济发展提供了重要基础和新平台。另外，数字经济的发展还需要具备良好的市场环境。

1. 加强企业数字化建设

加强企业数字化建设是企业发展数字经济、抢占新经济"蓝海"的当务之急。目前，我国企业数字化建设仍处于基础设施建设阶段，深层次应用与创新有待进一步提高。

为加快我国企业和市场数字化创新步伐，有必要鼓励企业加大数字化建设投入，并积极开展数字经济立法。同时，还需要不断优化市场环境，规范市场竞争，以营造良好的发展氛围和创新生态。

2. 优化互联网市场环境

目前，市场数字化呈现快速发展趋势，但市场环境仍然不成熟。我国互联网行业已经由自由竞争步入寡头竞争时代。然而，由于互联网市场监管法规不完善，处于支配地位的寡头经营者很容易利用技术壁垒和用户规模形成垄断，从而损害消费者的福利并抑制互联网行业技术创新。这导致网络不正当竞争行为层出不穷。由于网络环境的虚拟性和开放性，网络恶性竞争行为更加隐蔽、成本更低、危害更大。这不仅损害了个别企业的利益，更影响了公平和诚信的竞争秩序，对数字化市场的发展环境构成严重威胁。

中国数字经济已经扬帆起航，正在引领经济增长从低起点高速追赶走向高水平稳健超越。供给结构从中低端增量扩能走向中高端供给优化，动力引擎从密集的要素投入走向持续的创新驱动。技术产业从模仿式跟跑、并跑走向自主型并跑、领跑全面转型，为最终实现经济发展方式的根本性转变提供了强大的引擎。

二、调整产业结构，提高信息化程度

数字经济正在引领传统产业转型升级，数字经济正在改变全球产业结构，数字经济正在改变企业生产方式。那么，数字经济时代政府如何调整产业结构，提高信息化程度，紧紧跟随数字经济发展潮流和趋势，是必须面对的新时代课题。

（一）大数据驱动产业创新发展

1．大数据驱动工业转型升级

推动大数据在工业研发设计、生产制造、经营管理、市场营销、售后服务等产品全生命周期、产业链全流程各环节的应用，是为了更好地感知用户需求，提升产品附加价值，打造智能工厂。建立面向不同行业、不同环节的工业大数据资源聚合和分析应用平台，抓住互联网跨界融合机遇，促进大数据、物联网、云计算和三维（3D）打印技术、个性化定制等在制造业全产业链集成运用，推动制造模式变革和工业转型升级。

2．大数据催生新兴产业

大力培育互联网金融、数据服务、数据探矿、数据化学、数据材料、数据制药等新业态，旨在提升相关产业大数据资源的采集获取和分析利用能力，充分发掘数据资源支撑创新的潜力。这一举措将带动技术研发体系创新、管理方式变革、商业模式创新和产业价值链体系重构，促进跨领域、跨行业的数据融合和协同创新。这样的努力有助于推动战略性新兴产业发展、服务业创新发展和信息消费扩大，探索形成协同发展的新业态、新模式，从而培育新的经济增长点。

3．大数据驱动农业农村发展

构建面向农业农村的综合信息服务体系，旨在为农民生产生活提供综合、高效、便捷的信息服务，以缩小城乡数字鸿沟，促进城乡发展一体化。这一举措包括加强农业农村经济大数据建设，完善村、县相关数据采集、传输、共享基础设施，建立农业、农村数据采集、运算、应用、服务体系。同时，强化农村生态环境治理，增强乡村社会治理能力，统筹国内、国际农业数据资源，强化农业资源要素数据的集聚利用，提升预测预警能力。在此基础上，整合构建国家涉农大数据中心，推进各地区、各行业、各领域涉农数据资源的共享开放，加强数据资源发掘运用。此外，加快农业大数据关键技术研发，加大示范力度，提升生产智能化、经营网络化、管理高效化、服务便捷化能力和水平。

4．推进基础研究和核心技术攻关

围绕数据科学理论体系、大数据计算系统与分析理论、大数据驱动的颠覆性应用模型探索等重大基础研究进行前瞻布局，开展数据科学研究，引导和鼓励在大数据理论、方法及关键应用技术等方面展开探索。采取政产学研用相结合的协同创新模式和基于开源社区的开放创新模式，加强海量数据存储、数据清洗、数据分析发掘、数据可视化、信息安全与隐私保护等领域的关键技术攻关，形成安全可靠的大数据技术体系。此外，支持自然语言理解、机器学习、深度学习等人工智能技术创新，提升数据分析处理能力、知识发现能力和辅助决策能力。

（二）"互联网＋"推动产业融合发展

创业创新、协同制造、现代农业、智慧能源、普惠金融、益民服务、高效物流、电子商务、便捷交通、绿色生态、人工智能。

1．推进企业互联网化

（1）"互联网＋"树立企业管理新理念。企业互联网思维包含极致用户体验、免费商业模式和精细化运营三大要素，三大要素相互作用，形成一个完整的体系（或称互联网 UFO 模型）。互联网思维是在互联网时代的大背景下，传统行业拥抱互联网的重要思考方式和企业管理新理念。

互联网时代对企业生产、运营、管理和营销等诸多方面提出了新要求，企业必须转变传统思维模式，而树立互联网思维模式。运用大数据等现代信息技术实现企业的精细化运营；坚持以用户心理需求为出发点，转变经营理念，秉承极少主义、快速迭代和微创新原则，实现产品的极致用户体验。

（2）推进企业互联网化的行动保障。推进企业互联网化是当今时代企业发展的必然趋势，也是推动经济转型升级的关键举措。为了保障这一行动的顺利进行，需要采取一系列措施来支持和促进企业的互联网化进程。

首先，政府应加大政策扶持力度，出台相关政策和法规，为企业互联网化提供法律保障和政策支持。这包括鼓励企业加大对互联网技术的投入，提供税收优惠政策及简化相关手续等。

其次，加强技术支持和人才培养。政府可以设立专门的互联网化发展基金，用于支持企业引进先进的互联网技术和设备。同时，加强高校和科研机构的合作，培养更多具备互联网技术和管理能力的人才，为企业互联网化提供人才支持。

再次，加强信息安全保障。企业在互联网化过程中面临着诸多信息安全风险，政府应加大对信息安全的监管力度，建立健全的信息安全管理制度，加强对企业信息安全技术和防护措施的指导和支持，确保企业信息安全。

此外，加强对企业互联网化的宣传和推广。政府可以通过各种途径宣传企业互联网化的重要性和益处，鼓励更多的企业积极参与其中，提升企业互联网化的认知度和影响力。

推进企业互联网化的行动保障需要政府、企业和社会各方共同努力，通过政策扶持、技术支持、人才培养、信息安全保障和宣传推广等手段，为企业互联网化提供全方位的保障和支持，推动企业实现更好更快的互联网化发展。

2．推进产业互联网化

推进产业互联网化，就是推动互联网向传统行业渗透，加强互联网企业与传统行业跨界融合发展，提高传统产业的数字化、智能化水平，由此做大做强数字经济，拓展经济发展新空间。数字经济特有的资源性、加工性和服务性，为产业互联网化提供更为广阔的空间。总体讲，产业互联网化就是推进互联网与第一产业、第二产业和第三产业的深度融合、跨界发展。产业互联网化的过程即是传统产业转型发展、创新发展和升级发展的过程。

目前，应该以坚持供给侧结构性改革为主线，重点推进农业互联网化，这是实现农业现代化的重要途径；重点推进制造业互联网化，这是实现制造业数字化、智能化的重要途径；重点推进服务业的互联网化，这是推进第三产业数字化发展的重要手段。大数据的迅猛发展，加快了产业"互联网＋"行动进程。未来一段时期内，大数据将驱动金融、教育、医疗、交通和旅游等行业快速发展。

（三）加快信息技术产业和数字内容产业发展

1．加强新一代信息技术产业发展

当前，以云计算、物联网、下一代互联网为代表的新一代信息技术创新方兴未艾，广泛渗透到经济社会的各个领域，成为促进创新、经济增长和社会变革的主要驱动力。国务院《关于加快培育和发展战略性新兴产业的决定》提出了加快发展新一代信息技术产业的战略任务，包括加快建设宽带、泛在、融合、安全的信息网络基础设施，推动新一代移动通信、下一代互联网核心设备和智能终端的研发及产业化。同时，要快速推进三网融合，促进物联网、云计算的研发和示范应用，以抓住数字经济在中国迎来的前所未有的发展机遇。

然而，中国在数字经济发展中也面临着一些挑战。由于工业化历史任务尚未完成，中国必须通过新一代信息技术创新，发挥其带动力强、渗透力广、影响力大的特点，充分利用后发优势推动工业、服务业结构升级，走信息化与工业化深度融合的新型工业化道路。

在实践方面，中国的三大电信运营商和电信设备提供商，如中国移动、中

国联通、中国电信、华为、中兴等，在积极探索和推动以 5G、无线上网、宽带接入为核心的信息通信技术的发展，并取得了一定的成果。中国的信息通信产业正在日益成熟，为数字经济的发展奠定了坚实的基础。

2. 重视数字内容产业的发展

数字经济已经从"硬件为王""软件为王"进入"内容为王"的时代，数字内容产业正逐渐成为增长最快的产业。然而，与数字经济发达国家相比，我国数字内容产业在产业链条、产业规划和法律环境等方面存在一定的差距。发达国家的数字内容产业通常以内容产品为核心，并通过产业前向和后向关联机制衍生出完整的产业链条；然而，我国数字内容产业"有产无链"，未能充分发挥其所蕴含的链条经济效应。

当前，数字内容产业在各省份、地区蜂拥而上，缺乏国家层面的规划布局，导致重复建设、同质竞争和资源浪费，不利于产业未来做大做强。另外，国内知识产权保护意识薄弱，各种侵权行为层出不穷，严重侵害了数字内容产品开发者的利益，大大抑制了数字内容产业的创新步伐。

因此，我国必须统筹制订数字内容产业发展规划，加大知识产权保护力度，以链条经济充分带动数字内容产业的发展。这包括建立健全的产业链条，优化资源配置，加强产业协同，提高产业核心竞争力，同时加强知识产权法律法规建设，打击侵权行为，为数字内容产业的持续健康发展提供良好的法治环境。

总之，数字经济在我国已经扬帆起航，其正在打破传统的产业发展格局。为此，政府需要从数字经济发展的平台建设、"互联网＋"行动计划，重视数字内容产业发展等方面采取措施，推进新形势下我国产业结构调整，提高信息化程度，积极应对数字经济发展。

三、弥合数字鸿沟，平衡数字资源

数字改变生活，数字经济发展也在改变着我们的明天。数字经济时代，社会和公众如何共享参与数字经济发展，使经济社会发展的成果惠及全社会和广大民众。这才是国家加快数字经济发展的出发点和最终落脚点。

（一）平衡数字资源

我国数字经济发展的最显著优势是网民众多，这有利于我国成功从人口红利向网民红利转变。但是，以互联网为代表的数字革命普及和应用的不平衡现实客观存在。

1. 数字鸿沟的主要表现

（1）网民地区分布不均衡。我国各地区互联网发展水平与经济发展速度关联度较高，普及率排名靠前的省份主要集中在华东地区，而普及率排名靠后的省份主要集中在西南地区。

（2）不同群体数字鸿沟显著。低学历群体依然是数字时代的"弱势群体"。数字鸿沟的存在不仅取决于网络设施普及程度，更取决于人们运用数字技术的知识与能力。这种现象在我国当前的数字鸿沟中表现得十分明显。

2．弥合数字鸿沟具体举措

数字鸿沟是阻碍社会共享参与数字经济发展的最大障碍。因此，弥合数字鸿沟，平衡数字资源，是促进社会共享参与数字经济发展的必然要求。具体举措如下：

（1）建设数字政府。通过提升 Wi-Fi 网络覆盖面和便捷性，加快推动和实现政府数据的开放和应用，引领大数据及相关产业的创新或研究，建立和整合市政府公共云数据中心，推动和推广政府部门电子政务移动服务等措施以加快数字政府建设，提升政府对民众参与数字经济的服务水平和能力。

（2）实现网络全覆盖。通过加大信息网络基础设施建设，尽快实现网络全面覆盖城乡，均等加大不同地区网络建设投入力度，使数字经济成果惠及不同区域、不同地区、不同群体。

（3）加强信息化教育。通过运用数字化手段帮助贫困家庭儿童求学、求知，提高综合素质，提升上网技能；加快城镇化进程，实现农村不上网群体生产生活的转变，提高民众参与数字经济发展的热情。

（二）大力倡导"大众创业、万众创新"

1．扶持社会创新发展

数字经济是未来经济发展的新蓝海，蕴藏巨大的商机和展现更为广阔的市场。面对数字经济带来的新机遇、新挑战，政府应该帮助社会创新发展，因为只有创新才能使社会大众从数字经济的金矿里挖掘出更多的"金子"。

（1）鼓励和扶持高校生和职业院校毕业生创业。实施"高校生创业引领计划"，培育高校生创业先锋，支持高校生（毕业 5 年内）开展创业、创新活动。通过创业、创新座谈会、聘请专家讲座等形式鼓励和引导高校生创业、创新。积极扶持职业中专、普通中专学校毕业生到各领域创业，享受普通高校毕业生的同等待遇。免费为职业学校毕业生提供创业咨询、法律援助等服务。

（2）支持机关事业单位人员创业。对于机关事业单位工作人员经批准辞职创业的，辞职前的工作年限视为机关事业社保缴费年限，辞职创业后可按机关事业保险标准自行续交，退休后享受机关事业单位保险机关待遇。

（3）鼓励专业技术人员创业。探索高校、科研院所等事业单位专业技术人员在职创业、离岗创业的有关政策。对于离岗创业的，经原单位同意，可在 3 年内保留人事关系，与原单位其他在岗人员同等享有参加职称评聘、岗位等级晋升和社会保险等方面的权利。鼓励利用财政性资金设立的科研机构、普通高校、职业院校，通过合作实施、转让、许可和投资等方式，向高校毕业生创设的小型企业优先转移科技成果。完善科技人员创业股权激励政策，对放宽股权奖励、股权出售的企业设立年限和盈利水平限制。

（4）创造良好创业、创新政策环境。简化注册登记事项，工商部门实行零收费，同时实行创业补贴和税收减免政策。取消最低注册资本限制，实行注册资本认缴制；清理工商登记前置审批项目，推行"先照后证"登记制度；放宽住所登记条件，申请人提供合法的住所使用证明即可办理登记；加快"三证合一"登记制度改革步伐，推进实现注册登记便利化。

（5）实行优惠电商扶持政策。依托"互联网＋"、大数据等，推动各行业创新商业模式，建立和完善线上与线下、境内与境外、政府与市场开放合作等创业创新机制。全面落实国家已明确的有关电子商务税收支持政策，鼓励个人网商向个体工商户或电商企业转型，对电子商务企业纳税有困难且符合减免条件的，报经地税部门批准，酌情减免地方水利建设基金、房产税、城镇土地使用税；支持电子商务及相关服务企业参与高新技术企业、软件生产企业和技术先进型服务企业认定，如符合条件并通过认定的，可享受高新技术企业等相关税收优惠政策。

2．规范和维护网络安全

随着移动互联网各种新生业务的快速发展，网民网络安全环境日趋复杂。为此，政府需要加强法律制度建设，提高网民网络安全意识，维护社会公共利益，保护公民、法人和其他组织的合法权益，促进经济社会信息化健康发展。

当前，大数据已从互联网领域延伸至电信、金融、地产、贸易等各行各业，与大数据市场相关联的新技术、新产品、新服务、新业态不断涌现，并不断融入社会公众生活。大数据在为社会发展带来新机遇的同时，也给社会安全管理带来新挑战。由于数据的采集和使用权责不明、边界不清，一些公共部门和大型公司过度采集和占用数据，一些企业和个人不规范使用数据信息，直接侵害了数据信息所有人的合法权益。

3．树立共享协作意识

移动互联网平台、大数据平台和手机 App 等现代信息技术平台的推广运用，使社会、公众的联系愈加紧密。这也为数字经济时代社会协作发展提供了可能。

（1）积极发挥社会组织公益式孵化作用。社会组织本质上是自愿结社，具有平等共享和自发的特点，成员之间平等交流、同业互助的社会关系能够促进良性的创新思维。同时，自发成立的社会组织本身也是一种创业和创新，可以说，社会组织天然地具有创新、创业基因。

为了提高创业、创新的成功概率，应该积极发挥社会组织对创业者的公益式孵化作用，弥补国家、政府、企业无法顾及的创业、创新领域。目前，在中关村就有多家社会组织为"大众创业、万众创新"提供全方位服务。例如，"民营经济发展促进会""民营经济发展研究院""高校生创新创业联盟""职业教育产业联盟""中关村国大中小微企业成长促进会""中关村创业投资和股权投资基金协会"等社会组织通过开办"创新创业大讲堂""创新创业服务超市""创新创业孵化基地"等活动，为数以万计的创业青年、众创空间、创业技术企业提供了融资、专业技能、管理水平、政策法规、办理执照等方面的服务。这些社会组织的活动为创业者提供了更加多加元化、更贴近实际需求的支持，有助于推动创业、创新活动的蓬勃发展，促进经济社会的稳定和进步。

（2）坚持共享协作发展。数字经济时代，创业创新发展不再是单兵作战、孤军奋战，而是社会全面共享协作发展。所以，创业创新发展要获得巨大成功必须充分利用移动互联网平台、手机 App 等数字化服务，加强政府、企业、社会共享协作发展，构建"政府引导、企业主导发展、社会共享协同参与"的数字经济发展新格局。

总之，数字经济发展成果广泛惠及社会民众，这是数字经济发展的根本。所以，弥合数字鸿沟，平衡数字资源，是社会共享参与数字经济发展的基本前提；大力倡导"大众创业、万众创新"战略行动，是社会共享参与数字经济发展的具体实践；规范和加强网络安全，加紧网络安全法规制度建设，是社会共享参与数字经济发展的重要保证。

第三节　数字经济发展的应对措施

一、发展数字经济的框架

（一）统筹构建"四个体系"，为数字经济发展提供目标指引

"四个体系"具体包括：构建数字经济创新体系，即发挥数字化引领创新先导作用，激发创新主体活力，优化创新体制，优化数字经济创新成果保护、转化和分配机制，塑造技术、产业、管理全面创新格局；构建数字经济产业体系，即以新一代信息产业为先导产业，促进数字技术与传统农业、工业和服务业的融合，培育成熟的数字经济产业生态体系；构建数字经济市场体系，即完善数据、资本及数字技术要素市场体系，并大力拓展国际市场，推动数字经济走出去，赢得国际优势；构建数字经济治理体系，即多元化治理主体运用数字技术分工协作，着力构建政策、法律、监管三位一体的协同治理框架体系。

基于生产要素创新、生产力提升和生产关系变革的视角，数字经济包括数

字产业化、产业数字化、数字化治理、数据价值化。

一是数字产业化。数字产业化即信息通信产业，是数字经济发展的先导产业，为数字经济提供技术、产品、服务和解决方案等支持。具体包括电子信息制造业、电信业、软件和信息技术服务业、互联网行业等。数字产业化涵盖5G、集成电路、软件、人工智能、大数据、云计算、区块链等技术、产品及服务。

二是产业数字化。产业数字化是数字经济发展的主阵地，为数字经济提供广阔空间。产业数字化指的是传统产业应用数字技术带来的生产数量和效率提升，是数字经济的重要组成部分。产业数字化包括工业互联网、两化融合、智能制造、车联网、平台经济等融合型新产业、新模式、新业态。

三是数字化治理。数字化治理是数字经济创新快速健康发展的保障，是推进国家治理体系和治理能力现代化的重要组成部分。数字化治理利用数字技术建立健全行政管理制度体系，创新服务监管方式，实现行政决策、行政执行、行政组织、行政监督等体制优化的新型政府治理模式。数字化治理包括治理模式创新、技术与治理结合、数字化公共服务等。

四是数据价值化。价值化的数据是数字经济发展的关键生产要素，加快推进数据价值化进程是数字经济发展的本质要求。数据是实体经济数字化、网络化、智能化发展的基础性战略资源，包括数据采集、数据标准、数据确权、数据标注、数据定价、数据交易、数据流转、数据保护等。

（二）着力部署"八个方面"，为数字经济发展提供基础支撑

"八个方面"具体包括夯实综合数字基础设施、有效利用数据资源、加强技术创新力度、培育壮大新兴产业、改造提升传统产业、加大升级有效需求、优化公平竞争机制、创新政府治理模式，促进数字经济快速发展。

二、促进我国数字经济健康发展的对策建议

数字经济发展过程中所遇到的问题与风险是数字技术推动经济社会转型，传统理论、旧体制与模式被逐渐替代是过程中不可避免的现象，而这些问题与风险也只有在促进数字经济健康发展，充分释放数字经济红利的过程中才能充分化解掉。

（一）建设全球领先的数字基础设施，夯实数字经济发展的根基

数字基础设施是发展数字经济、支撑国家数字化转型的重要基础和先决条件。我们在缩小与发达国家差距的基础上，还要积极打造全球领先的数字基础

设施。首先，要加快高速宽带网络建设，在开展大量研发试验的基础上，主导形成 5G 全球统一标准，力争在全球率先部署 5G 网络；其次，要顺应各行业各领域数字化转型需求，超前部署云计算数据中心、物联网等基础设施，积极发展卫星通信等空间互联网前沿技术，建设覆盖全球的空间信息系统；最后，要发挥宽带网络等数字基础设施在脱贫攻坚中的作用，通过加快农村及偏远地区数字基础设施建设全覆盖，缩小数字鸿沟，让全国人民共享数字经济发展成果。

（二）发展先进的数字技术产业，掌握数字经济发展主动权

数字技术产业是数字经济发展的先导产业，对数字经济的发展具有火车头式的带动作用。首先，要发挥我国数字技术产业体系完备、规模庞大，技术创新能力大幅提升的优势，抓住第四次产业革命换道超车与跨越发展的机遇，构建具有国际竞争力的数字产业生态体系，抢占数字产业全球价值链高端与主导权，为经济转型升级提供强大动力支持和产业保障；其次，要强化基础研究和前沿布局，通过自主创新，重点突破和国计民生相关的战略技术与数字经济长远发展的"卡脖子"技术，特别是在量子技术、人工智能、未来网络等前沿技术领域实现率先突破，并带动核心芯片、集成电路等薄弱环节实现群体性突破，构建安全可控和世界领先的数字技术体系；最后，发挥我国在大数据、云计算、物联网、人工智能等领域的比较优势与全球领先地位，构建数字"一带一路"，不断深化数字技术的国际合作与布局。

（三）促进数字技术与传统产业的融合应用，充分释放数字经济发展潜力

我国服务业数字化变革已经走在世界前列，特别是新零售正带动我国的消费服务不断升级，而农业与工业的数字化转型升级则相对滞后，而且与服务数字化水平的差距越来越大。基于此，首先，要通过减税降费等机制体制改革充分释放政策红利，鼓励数字技术与农业、工业领域融合的新业态、新模式不断发展，切实降低企业数字化创新转型的成本负担；其次，面向重点领域加快布局工业互联网平台，鼓励广大企业依托工业互联网平台积极探索平台化、生态化发展模式，改造传统价值链、产业链、服务链与创新链，促进数字技术对传统产业的改造与创新；最后，要完善信息消费市场监管体系与网络安全防护体系，规范数据采集、传输、存储、使用等数字经济有关行为，加大对网络数据和用户信息的保护力度，充分激发民众数字消费潜力。

（四）减少数字技术对就业的结构性冲击，促进数字经济成果全民共享

数字技术对劳动力市场造成的结构性失业冲击，不仅关系到一国数字鸿沟与贫富差距问题的解决，甚至会影响一国整体的数字经济发展水平。基于此，首先，政府要与各方合作，开展面向全民的数字素养教育，特别是针对下岗失业、残疾人员等不适合固定场所就业的特定人群，可通过提供相应的数字素养培训和职业技能培训，协助其向数字经济领域转岗就业；其次，要全面强化学校的数字素养与数字技能教育，在各阶段开设网络和计算机基础知识、基本技能、人工智能等课程，使数字素养成为年轻一代的必备素质，在高校开设各种与数字技能有关的校企共建课程，通过举办各种技能竞赛、创业集训营等方式培养数字技术高端人才；再次，借助数字技术打造各种就业、创业平台，持续降低创新创业的门槛和成本，支持众创、众包、众筹等多种创新创业形式，形成各类主体平等参与、广泛参与的创新创业局面，为社会创造更多兼职就业、灵活就业、弹性就业机会，增强劳动者在数字经济发展中的适应性与创新性，化解数字经济对就业的结构性冲击；最后，推进移动互联网、人工智能、大数据等数字技术在养老、医疗保障等社会保障领域的广泛应用，加快建立、完善适应数字经济发展的用工和劳动保障制度，加大对弱势群体的扶持力度，为个人参与数字经济活动保驾护航，促进数字经济发展的成果全民共享。

（五）逐步完善数字经济法治建设，全面提高数字经济安全水平

数据是数字经济时代的核心生产要素，数据涉及的领域众多，层面非常广泛，国家应从战略高度重视数据开发利用、开放共享与数据保护，更应制定明确的法律规定与规章制度保障数字经济安全。首先，要不断完善数字产权、数字税收等与数字经济相关的法律体系，为数字经济发展提供必要的法律制度保障；其次，政府应结合我国数字经济发展实际，借鉴发达国家的先进经验，不断完善个人隐私保护与数字经济安全制度，为数字经济安全发展保驾护航；最后，要做好数据开放共享与数据保护之间的平衡，既要为数字经济创新发展留下适度的空间，还不能影响到数字经济的安全发展。

（六）及时进行组织管理变革，鼓励数字经济创新发展和相关理论研究

任何一个行业或企业的数字化转型都必然需要相应的组织管理变革与之配套，数字经济下，生产方式的数字化，必然要求生产组织管理方式的数字化与之相协调，才能更加灵活地响应消费者的需求。首先，政府要简政放权，优化政府部门业务流程和组织结构，努力建设数字政府，并根据数字经济不同阶段的发展特点加大力度制定前瞻性的政策鼓励企业数字技术的研发与创新，为其创新发展提供政策与制度上的便利；其次，数字技术日新月异，相应的商

业模式、运营模式层出不穷，不同类型的企业要结合自身数字化转型的优势与劣势，做好企业的组织、管理、流程的数字化转型，并把数字技术积极应用于管理体系当中，实现更大的突破与创新；最后，对于高校与科研院所而言，要及时了解数字化转型过程中组织管理变革的相关知识理念，并在政府引导下，积极开展数字经济基础理论研究，探索数字经济基本理论与规律，建立适应数字经济发展需要的 GDP 统计与核算体系，为促进数字经济社会创新发展提供理论指导，为解决数字经济发展实践中出现的法律、道德与伦理等问题扫清障碍。

三、促进我国向数字化转型的对策建议

以大数据、物联网、云计算、人工智能等数字技术以及工业互联网平台融合应用为特征的数字经济发展，全面促进了传统行业的数字化转型升级，企业、政府和教育部门都要积极适应这一趋势，促进我国向数字化的顺利转型。

（一）促进企业数字化转型

在数字经济时代，作为经济社会主体的企业进行数字化转型，是从逐渐适应数字技术到完全依赖数字技术并逐渐形成数字化战略、数字化管理、数字化生产甚至数字化思维的过程。

1. 制定数字化战略，促进数字化投资

在数字经济时代，数字技术部门、产品事业部门和新的数字业务部门之间的界限越来越模糊。未来的数字技术部门将更自然地融合数字技术、数字业务和数字化思维，企业组织的领导力、企业文化及企业采购策略和其他非技术元素也应进行同样的转变，才能更好地适应数字经济时代的要求。所以，所有的组织都应该在积极评估数字技术及数字化力量对自身和其所在行业影响的基础上，把向数字化转型作为组织的核心战略，并将其融入产品生产、业务运营和企业文化的建设当中，才能够相比以前更高速地扩展其业务和实现更大的创新，甚至完全以数字技术和海量数据为生命线，创造出更多新的收入来源，成为真正意义上的数字化原生企业。

数字化指数体现了企业对数字化技术的理解程度以及将数字化技术应用于企业内部的程度。因此企业需要将数字化战略与 IT 区分开来，确立真正意义上的数字化创新战略，这样才能促进数字化投资与数字化能力的进一步提升。

2. 选择合适的数字化技术路线，探索新兴数字技术

选择合适的数字化技术路线，是促进企业数字化创新的最主要驱动力量。整体来看，企业可选择的数字化技术路线包括基于开源和完全自研两种。组织应在充分评估两种路线优劣势的基础上，结合自身实力和特点选择合适的数字

化技术路线，从而有效利用数字技术，实现企业技术和业务能力的从无到有、从弱到强。而这一过程中的关键技术包括物联网、云计算、大数据、人工智能及安全云保障等。其中，物联网作为万物互联实现的终端，主要实现数据的采集与收发功能；云计算作为最主要的数字技术，不仅可提供基本的硬件基础设施，也可提供先进的流程管理和软件服务以及对相关方法进行指导，助力协同研发、产品互助设计、智能生产和智慧物流服务等方面的效率提升；通过大数据、人工智能技术可进行直接或间接的数据分析进而辅助科学决策，实现数字化创新价值的最大实现；而在数字技术助力企业价值链各环节价值创造最大化的同时，价值链上各环节安全操作的复杂性、综合性及数字化程度也在不断提升，只有采用专业的安全云保障服务技术才能为企业在实现数字化转型、发展数字业务过程中提供经济可靠的安全保障。此外，建立专项创新实验室是推动数字化进程中不可缺少的一个环节，通过建立专项创新实验室，研究新兴科技可以推动企业的数字化进程，也可在推动企业数字化创新步伐不断加大的同时，提高数字化科技的投资成效。因此企业在数字化过程中可通过加大建立专项创新实验室的投入，以探索新兴数字技术。

3. 借助数字平台生态系统的力量，促进企业数字化转型

在数字经济发展过程中，数字平台生态系统与核心知识产权同等重要。与其他国家相比，中国数字经济发展过程中的生态特征较为明显，BAT 等数字平台企业占有绝对优势的市场份额，其数字化平台上的海量用户、资金、人才及其他要素等方面的优势为整个数字经济生态系统注入了重要活力。依托数字平台生存的企业数据只有通过数字平台生态系统自由合理流动，才能实现企业内外部的行动相通、数据联通与价值互通，所以在企业的数字化转型过程中，数字化平台生态系统的重要性日益凸显。不同企业均应在数字平台的力量推动下，依托数字平台生态系统中的资金、数据、人才、数字化运营及管理经验等相关资源促进企业数字化转型，实现自身企业平台向数字化平台生态系统转变。大中型企业组织可以通过自建或与合作伙伴共建的方式建立数字化混合云平台，而中小型企业组织则可以使用公有云平台，也可以通过购买服务的方式进行私有化云平台部署，此外，不同企业均应充分借助平台生态系统里完备的要素资源、丰富的运营管理经验、合适的文化机制建设和开放的内外连接能力，积极探索新的商业模式，实现更大幅度的业务创新，这有助于进一步构建更符合自身行业需求的成熟生态系统，进而为依托其运营的更多行业伙伴提供恒久的动力。总之，对企业来说，建设或加入生态系统并在其中充分汲取养分，实现数字经济下的数字平台自组织管理、自我激励与成长成为其在数字化转型过程以及长期发展过程中的必然选择。

4. 内部培训与外部引进相结合，打造数字化人才团队

企业在数字化转型过程中，不仅需要对已有员工提供从事数字经济相关工

作的职业技能培训，通过数字化人才培养提升企业数字化创新能力，还可以通过联合培养、在线教育等方式加强人才培养机制建设，从而弥补企业数字化转型过程中的人才短板并获取更大的数字化创新能力，还可以直接聘请更多的外部数字化人才，以推动企业沿着数字化技术进程快速前进。

5．促进产品数字化营销，帮助企业发现新的市场空间和商业机会

企业在数字化转型过程中应积极运用大数据、云计算、物联网、人工智能等数字技术。这些技术不仅可以应用于研发和生产过程中，还可以运用于营销和售后服务环节。

首先，企业可以借助数字技术进行精准的消费者大数据分析，从而聚集大量长尾需求或积极开拓更大的新用户市场。

其次，通过数字技术实现精准营销，企业可以触达更多元、更细分的用户群体，有针对性地进行产品开发和创新，更好地满足用户的多样化需求。

最后，借助数字技术促进线上线下融合，打破时间和地理空间限制，促进地区间、城乡间线上与线下市场的一体化发展。通过精准数字化营销，企业可以获得更多盈利收入，进而用于实验室投资、研发设计、技术创新，补齐人才短板，推进企业整个数字平台生态系统的数字化建设进程。

6．制定科学评价机制，准确衡量数字化投资回报

尽管大部分的企业高管都希望能通过对数字化技术的投资，促进企业营业额的提升与企业长足的发展，然而仍有少数企业不重视持续衡量数字化投资的产出回报水平。其实，随着数字化思维不断融入企业战略的核心，不同企业未来均需要在建立科学评价数字技术投资产出机制的基础上，持续正确衡量数字化技术投资与数字化创新产出，只有这样才能更好地发现数字技术投资过程中的不足与优势，进而更好地指导与激励企业沿着数字化转型的进程快速进步。

（二）促进政府数字化转型

大数据、云计算、物联网、人工智能等数字技术不仅影响着人类的日常工作、生产与生活方式，也对政府提供公共服务方面有着较为深刻的影响。数字技术不但对政府政务服务进行电子化改造，将政务服务不断由线下搬到线上，提高了政务服务的提供效率，而且对政府提供政务服务内容、政务服务提供方式、民众参与度、政府透明度等方面进行全面改造与创新，推动了政务服务的全面数字化转型。

1．政府数字化转型的路径

虽然全球不同地区政府数字化转型的路径存在诸多差异，但根据政府数字化程度的演进趋势，政府的数字化转型一般要经历电子政府、一站式政府和数字政府三个阶段。其中，电子政府，主要是指政府部门的IT化改造，侧重于政府部门对现有业务流程的数字化改进，只是一定程度上提高公共服务

的效率；而数字政府，则是指可以为广大民众提供移动公共服务的公共政务平台，更侧重于公共服务提供模式的创新和设计，推动传统公共服务发生颠覆式变革；而一站式政府，主要是指政府可以为民众提供跨部门无缝衔接的一站式服务，处于电子政府与数字政府二者之间，既是对各级政府内部各部门政务服务业务流程的总体优化，也在一定程度上促进了公共服务提供模式的创新。所以，政府的数字化转型，可以先通过政府部门 IT 化改造建设电子政府，关注数字技术对政府服务提供工作效率的提升，然后再通过协调各级各部门提供一站式政府服务，最后通过利用数字技术促进公共服务提供方式与管理模式创新，打造数字政府。

2．政府数字化转型的方法

政府数字化转型是一个长期的、持续的、循序渐进的过程。促进政府向数字化转型，建设数字政府，首先就要从全局的角度，加强顶层设计，制订战略计划，指导数字化建设，更要根据数字技术发展具体实践需求及时发布促进数字政府建设相关的政策建议，以稳步推动政府数字化建设进程的逐步深化；其次，要设立专门协调政府数字化建设的研究机构或相关部长职务，落实与政府数字化转型相关的战略和政策，化解政府数字化建设中各部门的利益冲突问题，解决政府数字化建设中存在的其他种种问题，协调推动跨区域、跨部门的数字化建设工作；再次，要彻底打破部门割据与信息孤岛局面，借助数字技术整合全国各地各级政府部门的公共服务，实现各级、各地区、各部门间的信息自由流动和资源交换共享，推出一站式公共服务平台，促进公共服务一体化发展；最后，鼓励全国各级政府做好数字政府建设工作，制定数字政府建设相关绩效考评体系，进一步引导政府提升数字治理能力。

（三）促进全民数字素养的提升与学校教育数字化转型

在数字经济时代，随着数字技术突飞猛进地发展，提升国民的数字素养，培养更多具备数据获取、分析、加工、整理、存储等数字素养的数字技能人才，不仅可从供给侧为经济发展提供更多的劳动力基础，也可从需求侧促进数字产品与服务消费的提升，为经济发展提供消费者基础，特别是一些高精尖数字技术人才的培养更成为数字经济时代每个国家国际竞争力提升的关键。而不论是全民数字素养的提升还是高精尖数字人才的培养，都依赖于未来学校教育的数字化转型。

1．全民数字素养有待提高

随着数字技术日新月异的发展，数字经济下的消费者逐渐成为参与生产的消费者，民众数字素养的内涵也从原来被动地获取和处理数字内容阶段逐步拓展到包括了更多主动地创造和给予阶段，数字素养的内涵与外延也在实践中不断丰富、不断完善，以更加适应新的数字时代特征。现在的数字素养可以被看作是在新的数字技术环境下，人们在获取、整合资源到理解、评价、相互交流的整个过程中通过使用数字技术，更便捷地获取数字资源，提升参与社会活动的有效性，从而达到参与社会发展进程的能力，也进一步提升了最终目标。数字素养既包括对数字资源的搜索、获取与接受能力，也包括对数字资源的创造、供给与分享能力，从普通民众的角度看，数字素养成为与听、说、读、写同等重要的基本人权与基本生存能力。从劳动力供给的角度看，在传统的农业经济和工业经济时代，有的岗位虽然对劳动者的文化素养有一定要求，但往往只局限于某些职业的一些专业技术岗位，大多数职业只要具备专业分工所需的基本技能就可以胜任，而对消费者的文化素养基本没有要求，但在数字经济时代，劳动者需要同时具备基本的数字技能和专业技能，数字素养也成为消费者应具备的重要能力。

数字经济下，数字素养成为对劳动者和消费者的新要求。到 2025 年，生产的概念与方式将发生重大改变，工业制造业体系将由大量机器代替劳动力，人工智能在未来的制造中将发挥更大的作用，全球有大量只具有基本专业技能而数字素养不足的工人将失去工作机会，而数字经济下新产生的大量工作岗位大多都要求具备一定的数字技能，特别是那些被数据分析、数据控制与数据标准制定的技能，重新定义的高技能工作岗位更是如此。随着数字技术向传统行业各领域的蔓延、渗透与融合，数字经济下的劳动者越来越需要具有数字素养和专业技能的"双重"技能，甚至是否具有较高的数字素养成为劳动者在就业市场能否胜出的关键因素。而对消费者而言，数字素养成为与听、说、读、写同等重要的基本要求，只有具备较高的数字素养，才有可能正确、高效地享用数字产品与服务，促进自己的效用最大化。可见，数字素养的提升不仅有利于促进数字消费增长与消费者效用的提升，也有利于提升数字生产能力，促进更多数字产品与数字服务的供给，促进数字经济的进一步发展。虽然目前社会上已经有不同的企业与机构通过多种形式、从多个层次上开展了大量提升民众数字素养与数字技能的相关活动，但仍缺少一个有效协调的促进民众数字素养提升的教育战略体系或全国性的教育联盟，这也有待于全国各级教育机构的教育模式与教育方法的数字化转型。

2. 多种教育方式结合提升数字素养

提升数字素养，无论是对个人还是对国家，都具有重要意义。越来越多的国家意识到要跟上加速发展的数字技术变革的脚步，就必须把数字素养纳入国民教育课程体系之中，越来越多的学校也将数字素养的培育作为其重要的教学目标，希望通过对学生数字素养的培养，使学生的学术素养、创造性都得到明显提高。此外，培养数字素养本身便是教育学生适应当前数字经济时代的一个重要内容。正因为这样，数字素养在教育领域的作用还体现在教育体系本身便要求教师具有足够好的数字素养，如此方能教授学生获取资源的方法并传递给学生更多数字资源，促进学生数字技能的提升。

　　随着数字技术的不断发展，教育方式也在不断变革与发展。首先，近年来兴起的慕课在全球各大高校得以推广，依托互联网和公共数字教育平台等基础设施，任何人均可通过接入网络的智能终端设备甚至不需要注册登录就可以直接学习相关课程，也可以不受任何地域、背景、时间和环境差异的限制直接参与多样化、沉浸式的在线学习，从而使优秀卓越的教育资源为广大普通民众共享。其次，人工智能等数字技术广泛应用到教育实践领域，通过对教育教学相关数据采集、数据处理、数据建模和人机界面交互等多方面提高接受教育的个性化程度和互动化水平，学习者更容易接受从大规模慕课上智能化推荐的课程设置，在整个学习过程中，可以通过文字、语音、图像、视频甚至体感的数据传输实现互动学习，也可自行实时跟踪学习进度、状态与学习效果，并利用3D 建模、3D 打印等数字技术进行学习实践与互动体验。教学者也可以在人工智能等数字技术的辅助下，完善教学方式，通过学生学习实时数字化反馈和学习效果的大数据分析对教学内容、教学方式、教学进度进行合理调整，并依托数字技术对学生面目表情、体感数据、心理指标等多形式的数据传输评测学生的学习状态和学习效果。最后，除了学校教育以外，作为知识与信息枢纽的社会图书馆等社会组织也承担着数字教育的责任，它们可以通过不断完善数字学习环境，吸引更多的社会民众进入社会图书馆或通过图书馆 App 等在线学习，发挥民众数字素养及数字技能提升的辅助职能。

　　总之，经济社会数字化转型是一个巨大的复杂工程，需要政府、企业、学校、社会组织和民众各方共同努力、相互协作才能实现。在这一过程中，政府要为数字化转型提供良好的政策与制度环境；学校要发挥好培养民众数字素养与数字技能的基础性作用；行业协会要推动行业层面的数字化解决方案与相关标准制定；社会组织要承担教育、培训与提升民众多项数字技能的补充职能；企业要积极向数字化方向转型，发挥好数字化转型的主体作用，吸引更多拥有数字技能者就业；个人更要通过多种渠道、多种方式努力提高自身数字素养与技能，提高数字经济活动的参与能力和数字经济下的创业与就业能力。

第五章　贸易金融与互联网金融

第一节　贸易金融的内涵

一、传统贸易金融的狭义定义

传统贸易金融的狭义定义指的是商业银行为国内外贸易买卖双方提供的金融服务，主要涉及贸易结算和融资。在贸易结算方面，包括信用证结算、银行承兑汇票、汇款和托收等方式，以确保双方交易的安全和顺利完成。而在融资方面，商业银行根据贸易背景和结构为贸易客户提供短期和长期融资便利，如银票贴现、进出口押汇、打包贷款和保理等。传统贸易金融服务以贸易活动的现金流量和商业单据作为融资和结算的依据，以促进贸易活动的发展和扩大。这种贸易金融服务在传统商业银行体系中具有重要地位，为企业提供了资金和风险管理支持，促进了国际贸易的发展和繁荣。

二、现代贸易金融的广义定义

（一）现代贸易金融的内涵

现代贸易金融是指在全球化、数字化背景下，商业银行和其他金融机构为国际贸易提供的全方位金融服务，涵盖了贸易结算、融资、风险管理等多个方面。它不仅延续了传统贸易金融的核心功能，还在技术、服务和模式上不断创新，以适应当今复杂多变的贸易环境和客户需求。

首先，现代贸易金融在贸易结算方面提供了更加高效、安全的服务。通过电子化的信用证、电汇、托收等方式，实现了贸易结算的快速、透明和便捷。同时，金融机构利用先进的支付系统和跨境清算机制，提高了跨境贸易结算的效率和可靠性，降低了结算成本和风险。

其次，现代贸易金融在融资方面拓展了多样化的产品和服务。除了传统的进出口押汇、银票贴现、保理等融资方式外，还引入了供应链金融、跨境资金池、区块链融资等新型金融工具，为企业提供了更加灵活、定制化的融资解决方案，满足了不同贸易活动的资金需求。

再次，现代贸易金融注重风险管理和保障。金融机构通过信用保险、外汇风险管理、衍生品交易等手段，帮助企业规避和管理贸易过程中的各类风险，保障了贸易交易的安全和稳定。

此外，现代贸易金融还强调技术创新和服务升级。金融科技的发展为贸易金融带来了新的机遇和挑战，金融机构积极运用人工智能、大数据、云计算、区块链等技术，提升了贸易金融服务的智能化、个性化和便捷化水平，为客户提供了更加优质的服务体验。

现代贸易金融不仅延续了传统贸易金融的核心功能，还在服务方式、技术手段和产品创新上实现了全面升级，成为支撑全球贸易发展和繁荣的重要金融支持体系。在未来，随着科技和市场的不断发展，现代贸易金融将继续不断创新和完善，为全球贸易提供更加全面、高效、可持续的金融支持。

（二）现代贸易金融的特点

贸易金融作为商业银行等金融机构中一个相对独立的业务体系，相对于传统存贷款等业务而言具有以下几个特点。

1．服务对象特定

贸易金融是从生产、流通到消费整个供应链上下游串在一起的过程中，提供包括负债服务、收费服务和资产服务等一揽子金融服务，服务对象是核心企业及与其有稳定交易关系的上下游企业，以及特定商品或服务交易。贸易融资是贸易金融产品中最常见的一种，与相对主要关注客户信用状况的项目贷款、流动资金贷款等传统信贷业务相比，贸易融资更多关注特定交易项下的商业单据、票据、应收账款等的价值与风险评估。

2．融资条件低，资本占用少，资金流动性高

贸易融资充分体现以商品交易为背景，以物权为保证的特点。在物权保证下，贸易融资较少需要担保品，从而为客户提供更多的融资机会，特别适合缺少固定资产等抵押品的中小企业进行融资。

国际结算是一种典型的中间业务品种，与传统的贷款业务相比，国际结算业务通常不需要大量占用银行的资本金。在国际贸易活动中，出口审单、全额保证金开证、结售汇等业务往往不需要银行提供大额资金支持，因此对银行资本的占用较少。即使在非全额保证金开立信用证或保函的情况下，其风险资产权重仅为20%，相对于发放一般性贷款所需的银行资本，减免保证金的5倍。

贸易融资的特点之一是期限短、周转快，一般不超过180天，因此具有很强的流动性。与长期贷款相比，贸易融资的灵活性更高，适应了贸易活动的迅速变化和资金周转的紧迫性。这种快速的周转性为银行提供了更多的资金利用机会，有助于提高资金的利用效率和盈利能力。

国际结算作为一种中间业务品种，具有较低的资本占用率和强大的流动性，为银行业务的稳健发展和利润增长提供了有力支持。

3．综合收益高

贸易金融是一种高度综合的金融服务，其业务交叉性强，同时兼具中间业务与资产业务的特点。在贸易金融领域，银行既涉及表外业务，如国际结算业务，也涉及表内业务，如贸易融资业务。其收益主要来源于手续费收入，同时也能带来利差收入。

国际结算业务是贸易金融中的重要组成部分，为银行带来丰厚的手续费收入和结售汇差价收入。这些收入已经成为银行中间收入的重要来源，而中间收入占比往往被视为衡量一家银行内在价值的重要指标之一。

此外，贸易融资业务不仅为银行创造利差收入，还能带来大量存款沉淀，从而为银行创造大量的隐性收入。据统计，贸易金融业务反映在账面上的利润仅占整体创利的20%，而另外80%的创利则隐藏在贸易金融所带来的派生收益之中。

因此，贸易金融作为一项综合性业务，除了直接的手续费收入和利差收入外，还能带来丰富的派生收益，对银行的盈利能力和经营稳定性起到重要支撑作用。

三、现代贸易金融与传统贸易金融的比较

在国际实践中，现代贸易金融是传统国际贸易融资的延伸。从金融机构作为现代贸易融资主要资金提供者这一点上来看，服务目标与传统的国际贸易融资差别不大。但传统国际贸易融资是一对一的专项金融服务，现代贸易金融是一对多的系统性解决方案，两者的差异主要体现在授信关注点、融资对象、融资范围、服务方式、资金风险信息流等方面。

传统的国际贸易融资在授信时关注申请企业的经营业绩、财务实力及历史信用情况等指标；融资对象主要是基于某一家企业对其进行针对性的业务开发；审查指标较为苛刻，融资范围较小，容易排除掉许多具有生产优势的中小企业的融资申请；而且仅针对单笔贸易往来和供应链的某一环节提供融资业务，业务品种较少；易忽视融资企业上下游的牵制影响，贸易风险较大，银行资金风险较大。

现代贸易金融主要是针对供应链这种新型的国际贸易组织和分工形式设计出来的，强调金融服务的专业性、系统性，突破了原来单一的买卖双方的关系，延伸至供应链上下游包括最终消费者及物流服务提供商在内的全部参与方，将供应链组织运作中的全部金融服务有效地整合，利用供应链中所有参与和非参与物权转移的成员，优化整个供应链在财务方面的绩效指标。在授信时

关注贸易业务的成功概率、参与该项业务的上下游各企业相互之间的关联度及合作的稳定度是否存在大型核心企业及其信用情况；融资对象扩展至相关供应链上对贸易业务的完成有较大影响的上下游多个企业形成的群组；审查指标具备一定弹性，企业规模小等劣势可以由业务或者与上下游企业的高关联度弥补，为中小企业开放门槛；融资范围较广，对整个"产—供—销"供应链上所涉及企业提供一站式、跟进式的全过程融资，通过推动供应链的正常运行，将风险分散于整条供应链；银行可以掌握整个贸易链的信息，从而准确把握业务实质及融通资金流向，信息的及时共享降低了资金风险。

第二节　贸易金融的主要功能及产品

一、贸易金融的主要功能

贸易金融作为金融服务领域的重要组成部分，具有多种主要功能，旨在支持和促进国际贸易的发展与进行。以下是贸易金融的主要功能。

（1）结算与清算功能：贸易金融为贸易双方提供结算和清算服务，包括信用证结算、托收、汇票承兑和汇款等。这些服务有助于确保贸易交易的安全和顺利进行，降低了交易风险，增强了贸易的信任和可靠性。

（2）融资功能：贸易金融为贸易活动提供融资支持，包括进出口融资、预付款融资、保理融资等。这种融资方式能够满足贸易双方的资金需求，提高了贸易的灵活性和效率，促进了贸易规模的扩大。

（3）风险管理功能：贸易金融通过信用保险、外汇风险管理、衍生品交易等方式，帮助贸易双方规避和管理贸易过程中的各类风险，包括信用风险、汇率风险和市场风险等。这些风险管理工具有助于提高贸易交易的安全性和稳定性，保护了贸易双方的利益。

（4）信息服务功能：贸易金融提供与贸易相关的信息服务，包括市场情报、贸易政策、法律法规等信息的提供和分析。这些信息有助于贸易双方了解市场动态，制定有效的贸易策略，降低交易成本和风险。

（5）信用支持功能：贸易金融通过信用证、保函等方式为贸易双方提供信用支持，增强了交易的可信度和可靠性。这种信用支持有助于促进贸易的开展，扩大了贸易的范围和规模。

（6）流动性管理功能：贸易金融通过有效管理资金流动性，提高了资金利用效率，优化了资金配置结构，降低了金融机构的流动性风险。这种流动性管理有助于保障金融机构的稳健经营和贸易活动的顺利进行。

（7）投资和理财功能：贸易金融为客户提供投资和理财产品，包括货币市场基金、外汇基金、债券等，帮助客户实现资金增值和风险分散。这种投资和理财功能为客户提供了多样化的投资选择，满足了不同客户的投资需求。

（8）创新和发展功能：贸易金融不断创新服务和产品，积极推动金融科技的应用，促进贸易金融业务的发展和进步。这种创新和发展功能有助于提高贸易金融的竞争力和服务水平，推动整个贸易体系的升级和转型。

总的来说，贸易金融的主要功能涵盖了结算与清算、融资、风险管理、信息服务、信用支持、流动性管理、投资和理财、创新和发展等多个方面，为国际贸易的顺利进行和金融体系的稳健发展提供了重要支持和保障。

二、贸易金融的主要产品

当前，国际上常用的贸易金融产品主要包括进出口押汇、进出口托收押汇、打包放款、福费廷、国际保理、票据贴现、出口信用保险融资、存货质押融资、信用证开证融资、提货担保、物流融资、服务增值类产品等。以下主要列举其中的七种贸易金融产品，

（一）进出口押汇

进出口押汇是一种重要的贸易金融业务，主要用于支持国际贸易中的结算和资金流动。在国际贸易中，进口商和出口商之间的货款结算通常需要跨越不同国家和地区的货币，而进出口押汇就是为了解决这一跨境支付的问题而产生的一种金融手段。

首先，让我们来了解一下进出口押汇的基本原理。进出口押汇是指进口商向银行出示合法的进口订单和相应的资金保证，要求银行按照汇率将本国货币兑换成进口国货币，以支付给出口商。与此同时，出口商在发货前向银行出示合法的出口订单，并要求银行将收到的外汇兑换成本国货币，以便在货物运抵进口国后收取货款。这样，进出口双方的货款结算就得以顺利完成，而银行则通过汇率差异获得了一定的利差收入。

进出口押汇业务的主要特点是灵活性和高效性。由于国际贸易往往具有一定的紧迫性，进出口押汇能够快速、便捷地完成货款结算，保证了贸易交易的及时性。与此同时，进出口押汇也能够为贸易双方提供灵活的支付方式和结算周期，有助于满足双方的不同需求。

此外，进出口押汇还具有一定的风险管理功能。通过合理的押汇安排和汇率管理，进出口商可以有效地规避汇率波动和信用风险，降低了贸易交易的不确定性。而银行作为中间人，也能够通过风险评估和控制措施，保障押汇业务

的安全性和稳定性。

进出口押汇作为贸易金融的重要组成部分，在国际贸易中发挥着至关重要的作用。它通过提供快速、灵活的支付和结算服务，支持了贸易双方的交易活动；通过有效的风险管理，保障了贸易交易的安全性和稳定性。随着全球贸易的不断发展和国际金融市场的不断完善，进出口押汇业务将继续发挥重要作用，为国际贸易的顺利进行和金融体系的稳健发展提供有力支持。

（二）进出口托收押汇

进出口托收押汇是国际贸易中常用的一种金融结算方式，它结合了进出口托收和押汇两种功能，为贸易双方提供了便利的结算方式和资金流动保障。在理解进出口托收押汇的功能和运作方式之前，我们首先要了解进出口托收和押汇的基本概念。

进出口托收是指进口商通过银行委托其在进口国境内的合作银行，向出口商托收货款的一种结算方式。具体而言，进口商在购买商品之前，向银行提供进口订单和相应的付款条件，银行根据进口商的指示，委托境内合作银行通知出口商，要求出口商在货物运抵后向指定的合作银行提出支取货款的要求。而押汇则是指银行根据进口商的委托，以一定的汇率将本国货币兑换成进口国货币，以支付给出口商的一种外汇结算方式。

综合起来，进出口托收押汇即是进口商委托银行在进口国境内的合作银行向出口商托收货款，并通过押汇方式完成对货款的结算。其基本原理是进口商在银行的支持下委托合作银行向出口商托收货款，并且银行根据汇率将本国货币押汇成进口国货币，从而实现货款的支付。

进出口托收押汇的主要功能可以从以下几个方面来分析：

（1）安全性和可靠性：进出口托收押汇是一种相对安全可靠的贸易结算方式。通过银行作为中介机构的介入，保障了交易的安全性和合法性，有效避免了欺诈和风险。

（2）降低交易成本：与信用证相比，进出口托收押汇的手续费用更低，因此能够降低交易的成本，尤其适用于中小企业和小额贸易交易。

（3）提高资金使用效率：进出口托收押汇能够提高资金的使用效率。进口商在货物运抵前无需预付货款，而出口商也能够在货物运抵后立即收到货款，从而实现了资金的及时流动和有效利用。

（4）灵活性和便利性：进出口托收押汇的操作相对简便，程序较为灵活，适用于不同贸易规模和类型的贸易交易。同时，它也为贸易双方提供了更灵活的支付和结算方式，有助于满足双方的不同需求。

（5）风险管理：进出口托收押汇能够有效管理汇率风险和信用风险。通过银行的监督和控制，可以降低双方因汇率波动和信用问题而面临的风险，保障贸易交易的安全性和稳定性。

（6）促进贸易发展：进出口托收押汇作为一种安全、便捷、低成本的贸易结算方式，有助于促进国际贸易的发展和扩大。它为进口商和出口商提供了更多的交易机会和选择，促进了贸易的多样化和繁荣。

总的来说，进出口托收押汇作为一种重要的贸易金融工具，具有诸多优点和功能，能够为国际贸易提供有效支持和保障。通过提高交易的安全性、降低成本、提高资金使用效率和灵活性等方面的优势，进出口托收押汇为贸易双方创造了良好的交易环境，促进了贸易的顺利进行和经济的稳健发展。

（三）打包放款

打包放款是一种金融服务方式，常用于支持企业或个人的资金需求。这种放款方式将多笔小额贷款合并成一笔大额贷款进行发放，便于满足客户的资金需求，简化贷款流程，降低银行的运营成本，提高放款效率。在理解打包放款的功能和作用之前，我们首先来了解一下其基本原理和操作流程。

首先，打包放款通常由银行或金融机构提供。当客户有资金需求时，可以向银行申请贷款。银行会根据客户的信用状况、财务状况和贷款需求等因素，评估客户的信用风险，并根据评估结果决定是否批准贷款申请。

一旦贷款申请获得批准，银行将收集客户的贷款需求信息，并与其他符合条件的贷款申请进行汇总。银行可以将多笔小额贷款合并成一笔大额贷款，以提高资金利用效率和降低管理成本。这个过程通常称为"打包"。

接下来，银行将向客户发放打包后的贷款。客户可以根据自己的资金需求，灵活使用贷款资金。一旦贷款发放，客户需要按照合同约定的条件和期限，按时归还贷款本息。

现在，让我们来探讨一下打包放款的主要功能和作用。

（1）提高资金利用效率：打包放款可以将多笔小额贷款合并成一笔大额贷款，提高了资金的利用效率。通过集中管理和统一调配资金，银行能够更有效地满足客户的资金需求，提高贷款利用率。

（2）降低管理成本：相比于分散发放多笔小额贷款，打包放款能够降低银行的管理成本。通过合并贷款申请、简化审批流程和统一管理模式，银行能够减少人力、时间和物力成本，提高运营效率。

（3）简化贷款流程：打包放款简化了贷款申请和审批流程，减少了客户的办理手续和等待时间。客户只需要提交一次贷款申请，就能够获得整合后的大额贷款，提高了客户的办理效率和满意度。

（4）提高服务水平：通过打包放款，银行能够为客户提供更加灵活、便捷的贷款服务。客户可以根据自己的资金需求，选择适合自己的贷款金额和期限，提高服务的个性化和针对性。

（5）降低风险：打包放款能够降低银行的信用风险和流动性风险。通过综合评估客户的信用状况和贷款需求，银行能够降低贷款违约和逾期风险，保障贷款资金的安全性和稳定性。

（6）促进经济发展：打包放款能够促进经济发展，推动资金流动和投资活动。通过提供灵活、便捷的贷款服务，银行能够为企业和个人提供资金支持，促进投资扩张和消费增长，推动经济的持续健康发展。

打包放款作为一种重要的金融服务方式，在提高资金利用效率、降低管理成本、简化贷款流程、提高服务水平、降低风险和促进经济发展等方面发挥着重要作用。它不仅能够满足客户的资金需求，还能够提高银行的竞争力和服务水平，促进金融业的健康发展和经济的持续增长。

（四）福费廷

福费廷即未偿债务买卖，也称包买票据或票据买断，是指商业银行等包买商通过购买出口商无追索权的信用证下由开证行承兑的汇票，或经第三方担保的远期汇票或本票，或确定的远期债权，向出口商提供中长期票据融资。它是国际化大银行长期从事的基本贸易融资品种之一，属于票据融资，是出口信贷的一种类型。

在传统的出口贴现业务中，银行对出口企业是保留追索权的，即当贴现银行未能按期从国外承兑承付／保付银行处收到应收款项时，将向出口企业追讨贴现款项本息。相比之下，福费廷业务在不需要占用客户授信额度的情况下，为客户提供固定利率的无追索权买断，有效满足客户规避风险，增加现金流，改善财务报表，获得提前核销退税等多方面的综合需求。概括来说，福费廷业务是对未到期的贸易应收账款进行无追索权的贴现，使出口商既能获得融资，又可以把风险转移给包买银行。

福费廷起源于第二次世界大战之后，当时各国因重建家园需要大量的建设物资和日用品，而美国成为主要的供应商。在这种情况下，瑞士苏黎世银行协会率先开创了福费廷这种贸易融资业务。起初，福费廷业务的重点主要是在消费性物资交易方面，但随着时间的推移，重点逐渐转向了资本性物资交易，并且得到了较快的发展。

尤其是在 20 世纪 80 年代之后，由于第三世界国家受到债务危机的困扰，官方支持的出口信贷逐渐减少，正常的银行信贷也受到抑制。因此，发展中国家不得不寻求替代的资金来源来支持本国货物的出口。在这种需求的推动下，福费廷业务得到了持续增长，其二级市场也逐渐形成。交易方式变得日益灵活，交易金额也逐渐增加，同时票据的种类也不断扩大。这导致了以伦敦、法兰克福和苏黎世为中心的世界性福费廷交易市场的形成。

福费廷的运作机制是通过以无追索权方式买断出口商的远期债权，这样一来，出口商不仅获得了出口的资金，而且消除了远期收汇风险。这种模式为西方国家、东欧以及其他发展中国家的贸易带来了活力，同时为发展中国家进口大型资本货物提供了延期付款的便利。

据统计，福费廷交易每年占全球贸易总额约 2%，显示了其在国际贸易中的重要地位和影响力。

（五）国际保理

国际保理是一种国际贸易融资方式，通过保理公司介入，为出口商提供应收账款的融资和风险管理服务。它在国际贸易中发挥着重要作用，为出口商提供了资金流动的便利和风险的控制，同时也促进了进口商和出口商之间的合作。

国际保理的运作机制如下：首先，出口商与进口商达成贸易协议，出口商将商品交付给进口商，并提供相应的发票和应收账款。然后，出口商与保理公司签订保理合同，将应收账款转让给保理公司，由保理公司对应收账款进行融资，并承担应收账款的风险管理。最后，进口商根据协议给保理公司支付应收账款。

国际保理主要包括两种形式：单保理和双保理。在单保理中，保理公司仅提供融资和应收账款管理服务，而出口商继续承担应收账款的风险。在双保理中，除了提供融资和应收账款管理服务外，保理公司还承担了应收账款的违约风险，即使进口商无法支付应收账款，保理公司仍然会向出口商支付。

国际保理的主要功能和作用有以下几个方面：

（1）提供融资支持：国际保理为出口商提供了灵活的融资方式，使其能够及时收到货款，满足资金流动的需求。特别是对于中小型企业而言，国际保理可以解决其融资难题，促进其业务发展。

（2）风险管理：国际保理通过承担应收账款的风险，帮助出口商规避了进口商违约或付款延迟的风险。保理公司对进口商的信用状况进行评估和监控，降低了交易的信用风险，提高了交易的安全性。

（3）促进贸易发展：国际保理简化了贸易流程，提高了交易的效率，降低了交易成本，促进了进出口贸易的发展。通过为出口商提供融资支持和风险管理服务，国际保理为贸易双方提供了更加稳定和可靠的合作环境。

（4）提升竞争力：通过国际保理，出口商能够提前收到货款，提高了其资金周转速度，增强了其市场竞争力。同时，国际保理也为进口商提供了灵活的支付方式，增强了其对供应商的吸引力。

（5）降低贸易融资成本：相对于传统的贸易融资方式，国际保理通常具有较低的融资成本。出口商可以通过保理公司获得较低利率的融资，降低了贸易融资的成本，提高了盈利水平。

总的来说，国际保理作为一种重要的国际贸易融资方式，为出口商提供了融资支持和风险管理服务，促进了贸易的发展和经济的繁荣。随着国际贸易的不断发展和国际贸易规模的不断扩大，国际保理在全球贸易中的地位和作用将会变得更加重要和突出。

（六）票据贴现

票据贴现是一种常见的财务手段，用于企业获得即期资金。该过程涉及将未来收款权出售给金融机构，以换取即时现金。这种贴现的形式可以帮助企业应对资金短缺，及时解决经营中的现金流问题。

在票据贴现过程中，通常涉及以下几个主要参与方：企业、金融机构和票据持有人。企业是贴现的发起方，可能是需要即期资金的企业或个人。金融机构则是提供贴现服务的主体，他们会根据票据的金额和到期日，以一定的贴现率将票据的未来收款权收购。票据持有人则是持有票据的个人或企业，他们是票据的原始持有者。

票据贴现的过程通常包括以下几个步骤：

（1）票据持有人准备票据：票据持有人将拥有的未到期的票据准备好，包括票据的金额、到期日等信息。

（2）与金融机构联系：票据持有人联系金融机构，表达贴现的意向，并提交所需的票据和相关资料。

（3）金融机构评估：金融机构对提交的票据进行评估，包括检查票据的真实性、到期日、金额等信息，以确定是否符合贴现条件。

（4）确定贴现率：金融机构根据票据的特点和市场情况，确定适当的贴现率，即以折扣的方式计算出票据的现值。

（5）签订协议：如果票据符合贴现条件，金融机构与票据持有人签订贴现协议，约定贴现的金额、贴现率、手续费等相关事项。

（6）支付现金：金融机构根据贴现协议向票据持有人支付现金，即以贴现率折扣后的价格购买票据的未来收款权。

（7）票据到期兑付：票据到期日，金融机构向票据付款人兑付票据的金额。

票据贴现的主要功能和作用有以下几个方面：

（1）获得即期资金：票据贴现可以帮助企业获得即时的资金，满足企业经营中的现金流需求，避免资金短缺对经营造成的影响。

（2）降低财务成本：相比其他融资方式，票据贴现通常具有较低的财务成本，可以帮助企业降低融资成本，提高盈利水平。

（3）提高资金使用效率：票据贴现可以将未来的收款权转化为即期资金，提高了资金的使用效率，使企业能够更好地运作和发展。

（4）灵活性强：票据贴现的金额和期限较为灵活，可以根据企业的实际需求进行调整，满足不同场景下的资金需求。

（5）降低信用风险：由于票据贴现是以票据为担保，且经过金融机构的评估和审查，因此相对于其他融资方式，票据贴现通常具有较低的信用风险。

总的来说，票据贴现作为一种常见的融资方式，为企业提供了一种便捷、灵活且低成本的资金获取途径。通过票据贴现，企业可以更好地应对资金短缺问题，推动企业的发展和壮大。

（七）出口信用保险融资

出口信用保险融资是一种常见的国际贸易融资方式，它结合了出口信用保险和融资工具，为出口商提供了资金流动和风险管理的双重服务。在这种融资方式中，出口商通过向保险公司购买出口信用保险，将出口交易中的信用风险转移给保险公司，并利用出口信用保险单向银行申请融资，从而获得所需的资金支持。

出口信用保险融资的基本原理是，出口商将出口交易中的应收账款作为担保，向保险公司购买出口信用保险。一旦发生买方违约或付款延迟等情况，保险公司将根据保险合同的约定向出口商进行赔付。在这种情况下，出口商可以将出口信用保险单作为抵押向银行申请融资，以应收账款作为担保，从而获得资金支持。

出口信用保险融资的主要步骤如下：

（1）购买出口信用保险：出口商首先与保险公司签订出口信用保险合同，将出口交易中的应收账款纳入保险范围，并约定保险费率和保险金额等相关条款。

（2）出口交易完成：出口商与进口商完成交易，并提供相应的发票和应收账款等证明文件。

（3）申请融资：出口商向银行申请融资，提供出口信用保险单作为抵押，并将应收账款作为质押物。银行根据保险单的金额和有效期，以一定的贷款比例向出口商提供融资。

（4）获得资金支持：银行审核通过后，向出口商提供资金支持，出口商可以利用这笔资金进行生产、采购或其他经营活动。

（5）追偿与还款：如果发生买方违约或付款延迟等情况，出口商可以向保险公司申请赔付。保险公司根据保险合同的约定进行赔付后，出口商将赔付金额用于还清银行的贷款。

出口信用保险融资具有以下几个主要特点和优势：

（1）降低信用风险：出口信用保险可以将交易中的信用风险转移给保险公司，提高了出口商对付款方违约的保障，降低了交易的信用风险。

（2）提高融资额度：出口信用保险作为担保，可以提高银行对出口商的信贷额度，使其获得更多的资金支持，满足其资金需求。

（3）降低融资成本：出口信用保险提高了融资的安全性，降低了银行对出口商的信贷风险，因此可以降低融资成本，提高融资的效率。

（4）提高竞争力：出口信用保险融资可以帮助出口商提前收到货款，提高了资金周转速度，增强了其市场竞争力。

（5）灵活性强：出口信用保险融资灵活性强，可以根据出口商的实际情况和融资需求进行调整，满足不同场景下的资金需求。

总的来说，出口信用保险融资是一种有效的国际贸易融资方式，为出口商提供了资金流动和风险管理的双重服务，促进了国际贸易的发展和繁荣。

第三节　互联网金融运营模式概念

互联网金融自出现以来，运营模式呈现出多元化，至今尚未形成统一的划分标准，早期对互联网金融的研究集中于传统金融产品或服务的互联网化，研究集中于网络银行、网络证券、网络保险、网络支付和网络结算等相关的金融业务。随着互联网金融概念的不断深化，学者认为互联网金融是一种依靠信息技术实现点对点的资金融通的资源配置方式，对运营方式有了进一步的认识。笔者结合发展现状着眼分析第三方支付、互联网货币基金、众筹、互联网银行和互联网保险、互联网券商等六种模式。

一、第三方支付

（一）概念

第三方支付是指在交易过程中，作为独立机构根据与银行之间的协定，为买卖双方提供交易服务的一种机制。这些第三方支付机构通常以其良好的信誉作为交易的保障，并在商品买卖的交易中扮演着重要的角色。其主要功能是整合和打通不同类型交易账户和银行卡之间的交易通道，以提供更便捷、安全的支付方式。随着第三方支付的不断发展，逐渐向金融产品业务领域蔓延，以银行支付结算功能为基础为客户提供了个性化增值服务。因此，第三方支付主要分为两类：传统的银行 POS 支付和新兴的互联网第三方支付，我们这里仅讨论互联网第三方支付。

（二）互联网第三方支付

互联网第三方支付从产生方式的角度可分为：信用中介型、电商网站内生型和独立的支付网关型。信用中介型：提供信用担保和代付服务，是第三方支付的主要类型，如支付宝、微信支付。电商网站内生型：主要服务于 B2B、B2C 模式的电子商务网站自身用户，用户在网上购物，交易通过网站自身产品结算。独立的支付网关：一种通过与银行、消费者和商家签订合同来专门为用户提供服务和处理订单的平台，一般情况下仅仅涉及支付方案，是一种纯粹的中介服务。

互联网第三方支付从运营方式的角度可分为：担保型第三方支付和流通型第三方支付。担保型第三方支付：在用户通过电商渠道购买商品的过程中，确定商品类别、数量，与商家达成购买约定之后，将货款从用户自己的账号打入第三方公共账户，而不是直接打入商家账户中。买家收到商品并对商家的发货速度、服务态度及产品质量满意之后，告知第三方支付平台将货款打入商家账户。在这种模式中，第三方平台起到了监督和担保的作用。如支付宝。流通型第三方支付：借助互联网技术的支付方式，用户在网上购买产品、服务等业务之后，通过第三方支付平台直接向对方账户划转款项，第三方账户按之前达成的约定赚取佣金，支付平台并不承担其他额外的责任，仅负责资金流转。这种互联网第三方支付的出现，扫清了网络购物买卖双方的信任障碍，为我国电子商务的快速发展提供了有力保障。

二、互联网货币基金

互联网货币基金是一种基于互联网平台运作的货币市场基金，也称为"互联网货币基金"或"网上货币基金"。这类基金通常由互联网金融平台提供，旨在为投资者提供便捷的理财渠道。互联网货币基金的特点包括以下几点。

（1）高流动性：互联网货币基金的投资标的主要是短期货币工具，如银行存款、债券等，因此具有高度的流动性，投资者可以随时提取资金。

（2）低风险：由于投资标的主要是低风险的货币市场工具，互联网货币基金的风险相对较低，适合于对资金安全性要求较高的投资者。

（3）便捷性：投资者可以通过互联网金融平台轻松进行购买和赎回操作，无需前往银行柜台或理财机构，极大地提高了投资的便捷性。

（4）收益稳定：尽管互联网货币基金的收益相对较低，但由于其投资标的具有较高的流动性和低风险性，因此收益通常比较稳定，能够保值增值。

（5）灵活性：投资者可以根据自己的资金需求和理财计划随时进行购买和赎回操作，没有固定的投资期限和门槛要求。

互联网货币基金作为一种理财工具，具有高流动性、低风险、便捷性等特点，为投资者提供了一种安全稳健的资金管理选择。

相对于传统金融理财产品，互联网货币基金具有产品多样化、服务个性化以及数据云端化的特征。产品多样化：互联网货币基金越来越多样化，各种房贷、车贷、小额贷等多种多样。差异化的营销方式越来越多，理财产品层出不穷。服务个性化：互联网货币基金是基于互联网的大数据基础，对个人用户进行了分层，提供给用户的也会更个性化，有时候甚至是私人定制的。数据云端化：互联网的飞速发展推动了大数据化时代快速到来，包含了多个系统，如大数据驱动业务系统、审批系统、征信系统、催收系统、账务系统等，由于互联网系统相对完善，数据来自征信机构及互联网各种平台相关数据。

三、众筹

（一）概念

众筹方式最初的发起者是一些创意者，比如艺术家、音乐者为了完成艺术作品会向大众发起募资，艺术家会将产品预效果展示在网上，喜欢作品的用户提供资金，当产品完成后会赠送产品或以其他方式进行回报。随着众筹影响力的不断扩大，得到赞助的项目越来越多，更多的众筹平台不断成立，形式从最初的慈善化转向商业化，实现了多领域开拓。在互联网金融不断发展之时，众筹相比其他互联网金融运营模式具有以下三点特征。

1. 筹资对象有较强的针对性

现阶段我国众筹模式中，商品众筹所占比例较大。其融资对象大多是投资人喜爱的新产品，如智能穿戴设备、文艺作品、新书出版、演唱会筹措、唱片发行等。提供资金的投资者肯为项目融资的原因或是因为赞赏新产品创意，或是对筹资者本身的支持。这样的投资者可接受产品、预购权等非金钱形式的回报。这类因兴趣而聚集在一起的人，通常是对应商品众筹的最好投资者。

2. 面向小微企业

众筹模式的蓬勃发展给了那些有好创意、优秀团队的小微企业以资金上的支持，使他们得以跨过起步阶段。一些初创企业既没有用于抵押的资产，无法顺利从商业银行那里获得充足的贷款；也没有足够的资金坚持到占有相当的市场份额和用户量来引起风投们的注意。众筹模式的兴起，让那些对小微企业文化、预期产品产生价值认同的投资者有了"为兴趣投资"的机会。小微企业可以通过众筹平台募集资金，对投资的条款予以设定，认可条款的投资人，为项目投资。通过众筹，小微企业可以获得发展初期，甚至是整个项目的运营资金，并对投资者予以回报。

3．可以提前测试市场反应

判断任何一个项目、企业最终是否能够取得成功，最核心的标准是其市场表现。众筹模式给了筹资企业一个很好的试错机会。众筹投资者大多数是对项目所属行业或市场情况有一定了解的分散的投资者，通过投资者对众筹平台上的项目的反馈和意见，有利于筹资者提前预估市场反应，进而使筹资者有对项目进行调整和改良项目细节的机会，这样有利于企业产生更多的价值和效益，节约大量社会资源。

（二）众筹基本运营模式

目前我国的众筹平台主要分为：产品型、股权型。

产品型众筹是指项目发起者将产品发布到网站，使投资者通过购买产品的方式募集资金。在规定时间内募集到规定资金，则募集成功，等待产品研发出来将产品回报给投资者，若规定时间内未募集到规定资金，则将投资者资金返还。值得一提的是，产品众筹的融资大多数是以兴趣为导向的，普通人可以通过自己的力量让感兴趣的事物变成现实，并在这个过程中获得更多参与感，亲身参与到兴趣的创造中，对投资者来说，这也是一种回报。股权型众筹是以获得股权作为回报。投资者通过对众筹项目的资金注入，在融资成功的前提下，投资可以获得相应的股权，项目盈利之后，投资者可依据所获得的股东权益参与分红。相对于产品型众筹，股权型众筹一般会对投资人的经济背景有一定要求，并且筹资数额较大、期限较长。投资人对股权型众筹的投资更多考虑的将会是经济效益，而不是兴趣。其中筹资人需要准备的资料也更加复杂和严格，如商业计划书、转让股份的细节及后续的信息披露等。

四、互联网银行

（一）概念

互联网银行通常是指借助现代数字通信、互联网等技术来实现为客户在线服务的互联网金融服务机构。互联网银行是传统金融互联网化的一种形式，与金融机构相比，目标客户群体是不同的，开拓了利基市场，服务于小微企业、农户和个人消费者等，相当于传统金融的有效补充；传统金融机构是进行面对面的业务，而互联网银行将逐步开放远程开户，但现阶段由于风险难以有效控制，相关业务也无法进行；互联网银行的效率更高，不再依托于物理网点，而是通过网络实现信息的传送，审批效率更高，而且贷款也可实现实时传送。

（二）互联网银行的运作流程

互联网银行的基本运作流程分为两个阶段，分别是开户申请和办理业务，首先客户登录互联网银行的应用程序，申请开通电子账户，由互联网银行平台进行审核，从而实现身份验证和银行卡绑定等，自此客户可在平台上办理业务，可以购买理财产品，实现资金的支付和结算等。一般情况下理财产品是互联网银行和理财产品公司合作推出的，既方便购买，又拓展了业务。总体来说，互联网银行不再与传统金融机构一样赚取"存贷利差"，更多是来自银行同业和客户交易的中间业务收入。

总之，互联网银行不仅依靠网络使更多的主体参与到金融中，而且逐步改变了传统金融机构的盈利模式。

五、互联网保险

（一）概念

互联网保险是在传统保险业务的基础上利用以互联网为代表的新型信息技术实现业务创新的一种保险形式。比传统保险业相比，其具有门槛低、成本低、业务办理便捷和大数据技术等优势。互联网保险业务范围既涵盖了传统保险行业的业务，也包括在线咨询和传统业务的异地办理。具体内容包括数据的搜集与处理、产品的设计与营销、客户的产品推荐及在线购买和理赔等方面。

与互联网券商相同，互联网保险也不是传统保险业务简单的线上迁移，而是在线下业务中融入互联网的特征，使保险行业更加适应"互联网＋"的新环境。总的来说，互联网保险具有时效性强、节约成本信息透明等特征。

时效性强。互联网带给保险行业的同样是高效的信息收集能力和快速的反应能力。一方面，保险公司的业务将逐渐降低对线下营业部营业时间的依赖："365天，天天24小时"地为客户提供服务。另外，减少中间环节，缩短了投保、核保、承保等固定流程的时间，并且可以及时将处理进度通过互联网手段反馈给用户，大大提高了办事效率，让客户更加放心。

节约成本。若保险产品依托互联网渠道销售和售后维护，保险公司将大幅降低成本，提高盈利能力。首先，减少线下营业网点的开设，减少给保险销售中间环节的代理人、工作人员的劳务报酬支出；其次，通过大数据分析，有的放矢地进行营销，将大幅降低营销人员和相应部分的支出额度。保险公司成本的降低意味着利润空间的加大，充分的市场竞争将不可避免地导致同类产品价格降低，而消费者面对质优价廉的产品也将会对保险行业有了更高的接受程度。

信息透明。缺乏专业知识的顾客在传统保险产品的选择中，多数是靠保险销售人员的介绍获取产品的具体情况。互联网保险的出现，降低了用户学习新知识和收取信息的成本，可以直接足不出户就在一个或者多个公司网站浏览类似产品的信息，以做出最佳决策。这就对保险公司的产品设计和定价策略提出了更高的要求，不仅仅对顾客有利，对保险行业的长期发展也大有好处。

（二）互联网保险模式

互联网保险从互联网化的程度上可分为三种模式：官方平台型、网络兼业代理型以及专业互联网保险公司型。

1. 官方平台型

各大保险公司开设各自的官方网站，开展各种网上保险业务服务。这种模式是指保险公司开设自家官网用于向顾客展示适合不同产品需求的体系丰富的保险产品。随着网络技术的发展，架设用于销售产品的官方网站将不会存在技术门槛。任何一家在市场能够站稳脚跟的保险公司都可以负担网络建设的费用。但是建设完整的网站是要有流量支持才能够盈利的，如果仅仅将功能齐全的网站架设好，不做有力宣传，是不能发挥网站的宣传作用的。所以，保险公司需要通过门户网站、搜索引擎定位客户，向网站导入流量。与导入流量相配合的，还需要完整的丰富的产品体系以适应用户的多样需求，将游客介绍到网站之后，能使游客留下来变成客户。采取自建网站模式的保险公司被考验的不仅仅是资金支持能力和产品体系的丰富程度，还有就是服务能力。互联网介质的另一特点是用户转移成本极低，从一个网站转移到另一个网站的时间成本可能只有几秒，因此为了保持住之前的努力，公司需要有动力提供更好的服务留住客户。采用这种模式的保险公司并不是将传统业务的所有环节都转移到线上，而只是将营销和产品展示环节放到了官网上进行，其他购买产品等环节的核心业务还是要通过线下渠道完成。

2. 网络兼业代理型

主要通过平台运营业务的保险中介，或者不具备提供金融业务的门户网站通过提供技术支持与保险公司开展合作兼业代理。最主要的是指进驻电商平台，与互联网券商类似，保险公司也可以通过电商平台进驻完成互联网化的进程。与自建官方网站不同，保险公司并不是自己独占整个平台，而是与其他保险公司、用户共同分享平台资源，使用平台交易和清算系统。相比自建网站的模式，互联网公司将不用担心网站维护和流量问题，电商平台作为交易提供场所的独立第三方，有充足的技术积累和富有经验的团队专门维护网络的建设和维护，为交易双方提供良好的交易环境；同时由于网站前期从事其他行业交易的经营积累，已经获得巨大的顾客流量，因此保险公司不需要担心客户来源，只需要借助电商平台的大数据分析定位，通过广告引导等方式将合适的用户导入自家网点。

3．专业互联网保险公司型

公司专业做互联网保险业务，无线下保险业务的一种模式。首家专业互联网保险公司是由腾讯、阿里和平安等合资成立的众安互联网保险公司。专业互联网保险公司型是一种完全线上的保险模式，是在电子商务的大背景下产生的新型的保险模式。不同于传统保险方式，此类保险的所有流程均可在线上完成，不需要线下营业网点的支撑。目前采用这种模式的保险多是方便认定责任、可快速理赔的保险，如电商购买时的退货运费险、到付拒签险、虚拟账号安全险、淘宝账号安全险等。此类模式的核心是通过数据驱动，在大数据和云计算的帮助下，发现产品需求，进行产品设计、完成广告投放、用户购买及在线理赔等一系列流程。虽然是新型模式，但其在"互联网＋"的大背景下，有极强的生命力和创造力。

（三）互联网保险运作流程

产品的设计与推广。保险行业在融合了强大的数据收集和处理能力的优势之后，第一大改变体现在产品设计方面。相对于线下耗时长、成本高、数据获取烦琐的调研方式，加入大数据信息搜集和处理的互联网保险在搜集原始信息方面的优势非常明显，通过互联网搜集所需数据弄结合保险精算技术，将会以成本更低的方式取得更全面、更加清晰有效的数据设计出符合不同用户需求的产品。

同样是因为大数据，互联网保险的用户识别能力更强、定位将更加精准。相对于传统互联网行业地毯式的营销方式，通过大数据的精准定位，不仅让保险公司及时发现潜在客户，也让有需求的用户可以接触到适合自己的产品，对技术的信任将会迎来更便捷的生活。

为用户推荐合适的产品。不是每个人都具备非常完备的保险专业知识，因而并不能自主选择保险产品。这时互联网又提供了一个便利条件：在线咨询评估。保险公司在先期准备好用于评估保险需求的工具，里面包含保险公司判定用户保险需求所需要的全部信息点，用户仅需要在对应页面的指定位置如实填入信息，保险公司就会在后台明确需求进而为客户推荐最合适的保险产品。

线上购买。实现需求对接的下一个问题就是如何购买。如今的在线支付技术已经发展得相当成熟，保险公司可以十分便捷地提供支付宝、微信支付、银行卡等多种方式供用户选择，并且随着网络的普及和民众的接受程度日渐提高，用户一般可以独立完成付款流程。

线上核保与理赔。对用户来说，在全部保险产品销售流程中，核保是重要的环节，购买保险的意义在于防患未然，但是很多保险公司做了出色的营销，卖出产品，却没有做好核保的环节。在线核保和理赔的服务将会大大提高核保速度，并且让客户清晰地知道理赔进度，使过程透明化。及时的在线沟通可以减少客户因保险事件而产生的焦虑情绪，提高用户体验。

六、互联网券商

（一）概念

互联网券商并不是简单将线下券商业务转移到线上，通过搭建自营网站，让用户可以使用网站和手机 App 买卖股票，而是借助互联网思维和互联网手段，采取新的运营模式和思路，拓展业务，寻找券商的发展新模式，可以说互联网券商是互联网和券商的有机结合。与互联网金融的其他类别不同，之前对券商牌照发放的限制，参与互联网券商发展的企业全部都是传统券商。

（二）互联网券商模式

互联网券商的模式可分为自建网站模式以及与电商合作模式两种。

1．券商牌照开放

中国银行、中国工商银行、中国农业银行、中国建设银行、中国交通银行、招商银行及国家开发银行这 7 所银行已经直接或者间接地持有券商牌照，其中除国开行的国开证券和中行的中银国际持有内地券商牌照外，其他 5 所银行均持有香港券商牌照。银行的混业经营对券商影响将不容小觑，一旦介入券商业务，商业银行在资产管理、业务积累等方面的丰富经验和实力将会对券商的现有竞争格局、市场份额产生巨大影响。若银行开放远程账户设立限制，商业银行将更有动力开展互联网进程，对互联网券商来说，加快互联网布局，抢占先机是目前最需要做的。

2．保守的风控文化与高风险文化的融合

互联网文化中，从业者将巨额投入和前期的持续亏损视为对未来的投资，并认为在投入足够的时间和金钱之后，回报将会是爆发性的；券商的文化是稳健的、保守的，在投资之前会把风险控制放在首位，投资会建立在大量尽职调查、测算和预测的基础之上，在前景不明朗的情况下，绝不会贸然行动。那么在券商"触网"的过程中，如何把互联网热爱冒险的基因同自身的严谨特征融合在一起，将会是一个不小的挑战。

3．选择合适的方式触网

券商自建网站将会面临流量导入成本高，网络基础设施建设和开发投入大、周期长等问题，与电商合作又会面临服务单一、业务调整不够灵活、缺少个性化设置、利益扩大发展等问题。因此，在券商"触网"的过程中考虑自身业务特征、体量大小、发展规划，选择合适的方式进行互联网布局是尤为重要的。

第六章　金融投资与资产管理

第一节　金融投资与投机的分析

一、金融投资分析

（一）格雷厄姆投资理念

格雷厄姆是 20 世纪最杰出的价值投资理论家之一，他的理念对于当今投资界仍具有深远影响。格雷厄姆的投资理念，即所谓的"价值投资"，强调了对财务报表和量化分析的重视。他认为，投资应该是基于正确的态度、对内在价值的理解以及安全边际的考量。

首先，格雷厄姆强调股票代表着实实在在的企业所有权。他鼓励投资者不要将股票仅视为简单的交易代码，而是要将其看作是对企业的真正投资。这意味着投资者应该深入了解所投资企业的经营状况、财务状况及行业前景，而不仅仅是盯着股价的波动。

其次，格雷厄姆指出市场运动像钟摆一样，在乐观和悲观之间反复摆动。他认为，聪明的投资者应该利用市场情绪的波动，低买高卖，从中获取超额收益。这就需要投资者具备耐心和理性，不受市场短期波动的影响，专注于长期价值的实现。

另外，格雷厄姆强调内在价值的重要性。他认为，投资者应该重视金融资产的内在价值，而不是单纯地追求价格的涨跌。尽管短期内价格可能会偏离价值，但长期来看，价格会回归到内在价值附近。因此，投资者应该关注企业的基本面，并根据内在价值来做出投资决策。

最后，格雷厄姆提出了安全边际理论。他认为，当金融资产的市场价格显著低于其内在价值时，买入这些资产将带来超额收益。这种价格和价值之间的差距被称为安全边际，差距越大，投资者获利的空间也越大。因此，投资者应该选择那些安全边际足够大的投资机会，以降低投资风险并获取更高的回报。

总之，格雷厄姆的投资理念强调了对内在价值的重视、市场波动的利用以及安全边际的考量。这些理念不仅适用于价值投资者，也对其他投资者具有指导意义。

（二）费雪的成长股选股标准

费雪（Philip Fisher）是 20 世纪最杰出的成长股投资者之一，他的投资理念对于现代投资界仍然具有深远的影响。费雪的成长股选股标准强调了对公司的长期增长潜力和管理团队的重视，以下是他的主要标准及其扩展。

首先，费雪认为，一家优秀的成长股公司应该有良好的成长前景和长期的增长潜力。他建议投资者应该深入了解公司的业务模式、市场地位以及未来的增长动力，以确保投资的可持续性和长期性。这意味着投资者需要对行业和市场进行深入研究，以了解公司在未来几年甚至更长时间内的发展趋势和潜在增长机会。

其次，费雪强调了对管理团队的重视。他认为，一家优秀的成长股公司应该有高效的管理团队，他们能够制定和执行长期的战略规划，推动公司不断创新和发展。投资者应该关注公司的管理层及其领导能力，了解他们的经验、背景和领导风格，以评估公司未来的发展潜力。

再次，费雪还提出了对公司财务状况和盈利能力的关注。他认为，一家优秀的成长股公司应该有稳健的财务基础和持续增长的盈利能力。投资者应该分析公司的财务报表，了解其资产负债状况、现金流情况及盈利能力，以确保公司有足够的财务实力支撑未来的成长和扩张。

最后，费雪强调了对公司创新能力和市场领先地位的重视。他认为，一家优秀的成长股公司应该能够不断创新，保持在行业中的领先地位，从而获得持续的竞争优势。投资者应该关注公司的产品研发能力、市场份额及竞争优势，以确保公司能够在不断变化的市场环境中保持竞争力。

综上所述，费雪的成长股选股标准强调了对公司长期增长潜力、管理团队、财务状况和市场地位的全面考量。这些标准不仅有助于投资者找到优质的成长股投资机会，也有助于他们在投资过程中降低风险并获得更高的回报。

（三）巴菲特投资理念及选股标准

巴菲特是投资界的传奇人物，他的成功来自对价值投资和成长股理论的巧妙融合，并将其运用到自己的投资实践中。他自称，85% 的投资理论来源于格雷厄姆，15% 来源于费雪，但他在这两位大师的基础上，融入了自己的独特见解，将价值投资提升到了一个新的高度。

巴菲特在选择股票时，首先关注企业的净资产收益率。他认为这是评估公司盈利能力的关键指标，他的最低标准通常为 15%。然而，他强调需要动态地、全面地考察该指标，并扣除非主营业务的利润部分等因素。

其次，巴菲特看重企业的资产负债率。他认为低资产负债率可以保证企业的安全运营，一般不要超过 20% ～ 50%，不同行业的标准也有所不同。

此外，他注重企业的现金流充沛程度，特别强调自由现金流的重要性。巴菲特认为，只有充裕的现金流才能确保企业的稳健运作，并为投资者创造价值。

巴菲特还偏爱高毛利率的企业，他的底线通常是 20%。在他的投资生涯中，他经常选择那些业务明晰、长期业绩杰出的大型企业，这些企业通常拥有优秀的管理团队，能够为股东创造价值。

然而，巴菲特也强调，即使选择了优秀的企业，也不能确保投资一定获利。购买价格不仅要合理，还要符合对公司未来业绩的预期。因此，他致力于投资超级明星股，相信只有这样才能走向真正的成功。

综上所述，巴菲特的股票选择标准包括关注净资产收益率、资产负债率、现金流充沛程度和毛利率，同时偏爱业务明晰、业绩杰出的大型企业，并强调合理的购买价格和对未来业绩的预期。

二、金融投机分析

（一）金融投机的概念

金融投机是指在金融市场上进行的一种以追求短期利润为目的的交易活动。投机者通常通过购买和出售金融资产，如股票、债券、期货、外汇等，来实现利润的最大化。与投资不同，金融投机更加侧重市场波动和价格变动，而非长期资产增值。金融投机的核心在于通过市场价格的波动，买入低价资产并在价格上涨时卖出，或者在高价位做空，以获取价差利润。

金融投机的行为主体可以是个人投资者、专业投机者、金融机构，甚至是国家主体，他们利用不同的投机策略和技术手段参与市场。金融投机的行为往往伴随着高风险，因为市场波动具有不确定性，价格可能随时发生剧烈变化，导致投机者的损失。然而，金融投机也可能带来高回报，吸引了众多投资者的参与。

金融投机的特点和方式多种多样，包括但不限于以下几个方面。

（1）短期导向：金融投机通常以较短的时间跨度为目标，投机者追求的是在相对短的时间内获取高额回报。他们可能在短短几分钟、几小时甚至一天内进行多次交易，以追求市场波动带来的利润。

（2）市场波动：投机者善于把握市场的波动和趋势，通过分析技术图表、基本面数据、市场心理等因素来预测价格的走势，并进行相应的交易操作。

（3）信息不对称：一些投机者可能利用自己掌握的信息优势，如内幕消息或高级分析技术，来获取更大的利润。这导致了市场上的信息不对称，使得个别投资者处于更有利的位置。

（4）杠杆交易：为了放大利润，一些投机者会利用杠杆交易，通过借入资金来增加投资头寸。尽管杠杆交易可能带来更高的回报，但也伴随着更大的风险，因为资金亏损可能超过投入的本金。

（5）套利交易：套利是指利用不同市场、不同期限、不同品种之间的价格差异进行交易，从中获取利润。套利交易通常需要快速反应和高度的市场敏感性，是一种常见的金融投机策略。

金融投机在金融市场中发挥着重要的作用。它可以增加市场流动性，促进价格的发现和资产定价的有效性，同时也为市场参与者提供了获取利润的机会。然而，过度的金融投机可能导致市场的不稳定和波动加剧，甚至引发系统性风险，对经济造成不利影响。因此，金融投机需要在监管机构的监管和规范下进行，以维护市场的稳定和健康发展。

（二）金融投机行为的分类

金融投机行为是指在金融市场上为了谋取短期利润而进行的交易活动。这种行为可以通过多种方式进行分类，包括但不限于以下几种。

1. 基于市场参与者身份的分类

（1）个人投机者：即普通的个人投资者，他们可能通过证券账户进行股票、期货、外汇等金融资产的交易，以追求投资收益。

（2）专业投机者：这类投机者通常是专业的交易员、基金经理、对冲基金经理等金融从业者，他们利用专业知识和技能参与市场，并以此为业谋取收益。

（3）金融机构：包括银行、证券公司、投资基金、对冲基金等金融机构，它们通过自营交易或为客户提供交易服务来进行投机活动。

2. 基于交易对象的分类

（1）股票投机：指投机者通过买卖股票来获取价格波动带来的利润。他们可能利用技术分析、基本面分析等方法来预测股票价格的走势，并进行相应的交易操作。

（2）期货投机：包括商品期货、股指期货、外汇期货等。期货投机者通过在期货市场上买入或卖出期货合约，以追求价格波动带来的利润。他们通常会利用杠杆效应来放大收益，但也伴随着更高的风险。

（3）外汇投机：即利用外汇市场上货币价格的波动来获取利润的行为。外汇投机者可能通过买卖货币来进行交易，利用汇率变动带来的价差来赚取利润。

（4）债券投机：指投机者通过买卖债券来获取价格波动带来的利润。债券投机者可能利用债券价格的波动及利率的变化来进行交易，从而获取利润。

3．基于投机动机的分类

（1）技术分析投机：这类投机者主要依据技术分析方法来预测价格走势，通过研究历史价格、成交量、图表形态等技术指标，来判断未来市场走势并进行交易操作。

（2）基本面分析投机：这类投机者主要依据基本面分析方法来进行投机活动，他们通过研究经济数据、公司财务报表、宏观经济环境等因素来评估市场的价值和走势，以此进行交易决策。

（3）套利投机：套利投机者利用市场上不同品种、不同期限、不同交易所之间的价格差异进行交易，以获取无风险或低风险的利润。他们通过快速反应和执行，利用市场上的价格不一致来进行套利交易。

4．基于交易频率的分类

（1）高频交易：这类投机者进行的是高频率、高速度的交易活动，通常利用计算机算法进行快速交易，以追求微小的价格波动带来的利润。

（2）中频交易：这类投机者进行的是中等频率的交易活动，可能会结合技术分析或基本面分析等方法进行交易，但交易频率相对较高。

（3）低频交易：这类投机者进行的是较低频率的交易活动，可能会持有头寸较长时间，更多地依赖长期趋势和基本面因素来进行交易决策。

5．基于风险程度的分类

（1）高风险投机：这类投机行为风险较大，通常伴随着较高的杠杆比例和较短的投资周期，投机者可能面临较大的损失风险。

（2）低风险投机：这类投机行为风险相对较低，投机者可能采取较为保守的策略和手段，以降低损失风险，但通常也意味着较低的潜在收益。

（3）金融投机行为的分类多种多样，不同的分类方式可以帮助我们更好地理解投机行为的特点、动机和影响，同时也有助于监管机构对金融市场进行有效监管和规范。

第二节　金融资产管理体制及优化

一、金融资产管理体制演变

金融资产管理体制是指一个国家或地区对金融资产的组织、管理和监管机制。随着经济的发展和金融市场的变革，金融资产管理体制也经历了演变和调整，从最初的简单模式逐步发展为更加复杂和多样化的形式。下面将对金融资产管理体制的演变进行详细阐述。

1．起源与简单模式

金融资产管理的起源可以追溯到古代，但现代金融资产管理体制的雏形可追溯至近代工业革命之后。在这个阶段，金融资产管理主要以银行业为主导，银行通过吸收存款和发放贷款来进行资金调度，实现了简单的资产管理功能。同时，政府在金融市场中扮演着重要角色，通过监管和制定政策来维护金融稳定和社会秩序。

2．金融市场化与多元化

随着市场经济的发展和金融市场的日益完善，金融资产管理体制逐渐趋向市场化和多元化。在这个阶段，除了传统的银行业外，证券市场、保险业、基金业等金融机构开始崭露头角，它们通过发行证券、销售保险、设立基金等方式，为投资者提供了更加多元化的资产管理产品和服务。金融市场的开放和竞争加剧，促进了金融资产管理体制的进一步完善和创新。

3．金融创新与全球化

在全球化的趋势下，金融资产管理体制面临着更大的挑战和机遇。金融创新的不断推进，使得金融产品和服务更加复杂和多样化，包括衍生品、结构化产品、投资组合等。此外，金融资产管理也开始跨足国际市场，涉足跨境投资、国际并购等领域，推动了金融资产管理体制向全球化方向发展。

4．金融科技与数字化

随着信息技术的快速发展和应用，金融资产管理体制也逐渐迈入数字化和智能化时代。金融科技公司如互联网金融平台、智能投顾公司等涌现出来，它们利用大数据、人工智能等前沿技术，提供了更加高效、便捷的资产管理服务。同时，区块链技术的应用也为金融资产管理带来了新的可能性，例如数字货币、智能合约等。

5．监管与风险防控

随着金融资产管理规模的不断扩大和金融市场的不断变化，监管和风险防控成为金融资产管理体制的重要组成部分。各国政府和监管机构加强了对金融市场的监督和管理，通过制定法律法规、加强监督检查、完善风险管理机制等方式，保障金融资产管理的稳健运行和市场秩序。同时，金融机构也加强了内部风险控制和合规管理，以应对市场波动和风险挑战。

综上所述，金融资产管理体制经历了从简单模式到市场化、多元化、全球化和数字化的演变过程。在未来，随着科技的不断创新和金融市场的不断发展，金融资产管理体制将继续面临新的挑战和机遇，需要不断适应和创新，以满足投资者和市场的需求。

二、金融投资管理优化

（一）分层管理

一个健全的金融资产管理体制应该明确划分金融企业、出资人代表和政策制定者三个层次的权责。然而，这三个层次在不同程度上存在一些问题，影响了金融资产管理的有效性和稳定性。

首先，金融企业存在公司治理结构不完善、内部人控制等现象，这是金融资产管理中最难解决的问题之一。在非市场化的金融企业中，高管人员选用机制与高管人员所要求的市场化激励机制相冲突，导致对高管人员激励有余，约束不足。这种情况下，金融企业的内部管理容易出现混乱，影响了资产管理的效率和稳定性。

其次，履行出资人代表职责的机构不明确、不统一，也是金融资产管理体制面临的问题之一。虽然私有制并不是最佳选择，但无论是国有出资人还是私人出资人，都应该具有相似的权利和职责，既能保持对企业的控制力，又能控制企业的经营风险。因此，履行出资人代表职责的机构必须明确权责划分和考核目标，以确保出资人的利益得到充分保障。

最后，缺乏明确的金融资产战略研究和政策制定部门也是一个问题。国家需要有明确的机构，从战略的高度对金融资产的布局、持股比例、激励机制、出资人代表委派和监督等问题进行研究，并制定相关的政策。这样的机构能够为金融资产管理提供指导和支持，确保其符合国家和社会的整体利益。

综上所述，金融资产管理体制应该划分为宏观层面、中观层面和微观层面三个管理层次，分别对应政策制定者、出资人代表和金融企业。每个层次的管理目标虽然根本上是统一的，但在管理职能上需要有所侧重，需要明确界定权责，处理好委托—代理关系和各层级间的衔接，以确保金融资产管理体制的健康运行和长期稳定。

1. 宏观层面

建立健全的金融资产管理体制是促进金融业持续健康发展、维护国家金融安全稳定和获得金融资产收益的关键。这一体制应该明确划分金融企业、出资人代表和政策制定者三个层次的权责，以确保金融系统的运行有效性和稳定性。在这个体制中，各个层次都有特定的职责和任务。

首先，金融企业应该有健全的公司治理结构，避免内部人控制等问题。这需要建立透明、有效的管理机制，确保高管人员的选拔、激励和约束机制与市场化原则相符，以提高企业内部管理的效率和稳定性。

其次，出资人代表应该明确权责划分和考核目标，以充分保障出资人的利益。无论是国有出资人还是私人出资人，都应该具有相似的权利和职责，既能保持对企业的控制力，又能控制企业的经营风险。

最后，政策制定者应该制定金融发展战略、建立防范、化解和处置金融风险的应急机制，并监督金融资产管理和监督的制度办法。他们应该贯彻落实国家金融政策措施，制定引导、鼓励和支持金融机构改革创新、拓展业务的政策，并研究制定金融业发展中长期规划和工作计划，以推动金融业的可持续发展。

在金融资产管理体制中，还应设立专门机构或授权有关职能部门履行相应职责，以确保金融资产管理的顺畅运行。这些机构应负责贯彻落实国家金融政策措施，建立金融风险预警机制，防范、化解和处理金融风险，优化金融资源配置，提高金融企业效率，以及规范金融财务制度，防范和控制金融风险，保障金融系统的稳定运行。

综上所述，建立健全的金融资产管理体制是维护国家金融安全稳定、促进金融业持续健康发展的重要保障。各个层次的权责明确划分，任务明确，才能实现金融资产管理的有效运行，实现金融系统的稳定和可持续发展。

2．中观层面

在贯彻国家金融发展战略和维护金融安全稳定的前提下，金融资产管理体制的目标是确保金融企业持续健康发展，落实金融资产出资人权利，正确行使职责。为实现这一目标，金融资产管理机构担负着执行国家宏观金融政策和金融资产管理相关制度的责任。具体职责包括执行国家宏观金融政策和金融资产管理制度，履行国有出资人职责，确保金融企业的合规经营。

金融资产管理机构负责具体履行国有出资人的职责。这些职责包括派出金融股权董事、研究金融企业重大事项、考核评价金融企业经营绩效和企业负责人履职情况等。此外，金融资产管理机构还需要研究建立激励和约束机制，实施金融资本经营预算，管理资本收益，做好金融资产各项基础管理，监督金融企业贯彻执行国家有关制度，加强风险防范。

金融资产管理机构的机构设置包括金融资产授权管理部门和国有股东，如财政部门、金融控股公司等持有金融企业股权的国有单位。这些机构负责依法履行国有出资人职责，加强对金融资产的有效监管，防止国有资产流失，实现保值增值，促进企业发展。

金融资产管理机构具体任务包括依据相关法律法规和金融资产监督管理规定，对金融企业进行出资人职责的审核和监督，建立健全金融资产监督管理制度和工作机制，负责金融资本经营预算管理，评估确认金融企业国有资产的保值增值情况，并依据考核结果进行奖惩评价企业绩效。

此外，金融资产管理机构还负责指导、监督金融企业建立健全经营决策、内部资产、投资融资、风险控制等管理制度，推动建立健全的现代产权制度、完善法人治理结构，促进本地区金融资产的合理流动和优化配置，提高地方金融企业的整体素质和竞争力。

总之，金融资产管理机构在国家金融政策和监管机构的指导下，履行国有出资人职责，确保金融企业的合规经营，促进金融业的持续健康发展，维护金融系统的安全稳定。

3. 微观层面

金融企业的目标是持续健康运行，防范各项风险，实现国有资产的保值增值。为实现这一目标，金融企业承担着建立现代金融企业制度、完善公司治理结构、合理经营金融资产的职责。具体职责包括建立现代金融企业制度，完善公司治理结构，合理经营金融资产，实现资产的保值增值，向国有出资人报告企业经营情况，建立信息报告制度，制定企业金融资产管理等内控制度，防范国有资产流失。

金融企业作为金融资产的持有者，由企业负责人、董事、监事等构成机构。金融企业的主要任务是严格执行国家有关金融资产管理的各项规章制度，建立健全的内部管理制度，接受国有出资人单位对金融资产的监督管理，严格执行所出资金融企业重大事项管理制度。同时，金融企业需要按照金融资产监督管理要求，定期向出资人和金融资产管理机构报送企业经营等相关信息，以便及时了解企业运营情况并进行监督管理。

综上所述，金融企业作为国有资产的持有者和管理者，承担着保值增值、防范风险、建立现代企业制度和完善公司治理结构的重要职责。通过严格执行相关规章制度和建立健全的内部管理制度，金融企业能够有效实现国有资产的保值增值，促进企业的持续健康发展。

（二）分级管理

我国的国有资产总量庞大，其中超过一半属于地方国有资产。这些地方国有资产的形成背景多种多样，许多与中央的资金投入甚至优惠政策无关。在许多情况下，中央政府并不直接掌控这些地方国有资产。这样看来，统一由中央来管理庞大的地方国有资产是不现实的。

然而，中央政府和各级地方政府之间关于国有资产的权限和权益一直存在争议，导致了管理效率低下、管理链条过长、责任不明确、存在推诿现象等问题。这种关系不清晰不仅阻碍了国有资产的有效管理，还妨碍了建立清晰的产权、财权、事权关系，对建立现代政府制度不利。

随着改革开放的进行，我国已经形成了分级财政的现实情况。财政关系逐步规范，投资关系也逐步建立在法律法规框架下。即使是中央和地方共同投资的项目和企业，也是在股份制框架内进行管理。资产整合工作也主要通过市场并购完成。

历史经验表明，国有资产和国有企业在上下级政府之间的划拨和移交不利于企业发展，也不利于政府真正关心企业成长。因此，为了提高金融资产管理效率，应按照责、权、利相统一的原则，对中央与地方政府出资的金融资产进行分级管理。

具体而言，中央政府应统一制定相关金融企业国有资产监督管理条例和实施办法，并指导、监督地方政府财政部门开展金融资产监管工作。同时，中央还应统一制定金融企业绩效评价基本考核指标，并发布行业指标值，以确保全国金融行业之间具有可比性。地方政府则应建立相应的监管协调机制，与现有的金融监管协调机制相适应。

总之，分级管理金融资产需要在统一政策、分工负责的原则下进行。这样的管理模式将有助于提高金融资产管理效率，促进国有资产的保值增值，推动金融行业的健康发展。

（三）分类管理

金融资产与非金融资产的分开管理是至关重要的。尽管统一管理有助于资源整合和管理机构的简化，但一体化管理可能导致产权关系混淆和软预算约束问题，进而引发金融资源向非金融企业集中、行政指令性贷款和关联交易等不良现象，从而影响贷款公平性和经济效率。

金融资产的单独管理有助于解决国有出资人和公共管理角色冲突，并在金融资产管理与非金融资产管理之间形成制衡。此外，金融体系的"顺周期性"特征也需要引起重视，即金融部门和实体经济之间的正向反馈机制可能放大经济周期性波动，加剧金融体系的不稳定性。

在经济上行阶段，企业收入和资产价格上涨，风险偏好增加，但金融机构可能未能积累足够的资本以提供保障，这导致了风险的积累。而在经济下行阶段，金融机构可能面临严重亏损，缺乏资本金补充渠道，从而被迫紧缩信贷、出售资产，进一步恶化了金融系统的财务状况，使实体经济受到严重影响。

2014 年，我国金融资本在国有资本总量中的比重不到 40%，但国有及国有控股金融企业的总资产却达到了 240 万亿元，对国民经济产生了巨大影响。由于金融企业的涉及面广泛、风险较大，其对经济的影响至关重要。

因此，分开管理金融资产与非金融资产有助于避免潜在的风险和不良影响，维护金融系统的稳定运行，促进经济的持续健康发展。

第三节　金融投资体系构建

一、金融投资领域存在的问题

（一）投资主体方面

在中国，尚未对个人金融投资者进行精确的统计，因此只能通过居民金融资产的增长来间接了解个人投资的潜力。近年来，中国居民金融资产呈现较大增长，央行数据显示，截至 2018 年 5 月底，中国金融机构存款总额突破 20 万亿元，居民储蓄余额达到 10.38 万亿。然而，根据国家相关部门的抽样调查，当前金融资产结构不够合理，主要表现为银行储蓄比例过高，债权性金融资产占比明显高于股权性金融资产。高额的储蓄显示出个人投资者进入金融投资领域的巨大潜力，但仍然有大量的居民将其储蓄用于消费或其他领域。

以股票市场为例，据中国证监会统计，截至 2023 年 5 月，中国股票市场的投资者开户数达到 6943.56 万户，然而与中国 14 亿多人口相比，以及与发达国家相比，这一数字仍然存在明显差距。

现代企业制度的建立以及银行商业化改革的深化，使得企业、银行和其他经济实体成为自主经营、自负盈亏的投资主体。在各自经济利益的驱动下，适度增加了金融投资的比重，尤其是周期较短、见效较快，但风险较高的投资。同时，在资产存量重组的过程中，越来越注重利用金融投资手段，成为金融投资领域的重要投资主体。然而，从整体市场投资者的构成来看，机构投资者的比例远远低于发达国家的水平，市场结构存在严重失衡的情况。

（二）投资对象（工具）方面

20 世纪 90 年代以来，我国资本市场上继债券、股票之后，又陆续增加了投资基金、可转换债券等新的投资品种，但和我国金融市场发展的要求及投资者的投资需求相比，投资品种还是显得太少。同西方发达国家相比，更是相差甚远。例如，美国证券市场活跃地交易着各种货币市场工具、各种固定收益债券和各种衍生金融工具，其中很多是中国市场所没有的。

（三）投资中介机构方面

投资中介机构可以分为两类：投资市场中介机构和投资服务中介机构。

投资市场中介机构是指企业性质的组织，为投资者、投资机构、上市公司等提供法律、审计、评估等客观、公平、公正的服务，如会计师事务所、律师事务所、资产评估公司等。而投资服务中介机构则是指作为代理人为投资者提供咨询、委托服务或便利，并收取服务费用的金融中介，例如银行、证券公司、证券交易所、投资咨询公司或信托机构等。

在中国，中介机构随着资本市场的发展而产生和发展，尽管时间较短，但行业发展面临诸多挑战。截至 2019 年 5 月，中国仅有上海和深圳两家证券交易所，数量偏少，且北方地区增设证券交易所的计划一直未能落实。虽然证券公司数量较多，但主要分布于沿海地区。其他投资公司、会计师事务所、律师事务所和资产评估公司长期受某些行政机构管理，改制时间不长，尚未形成为投资项目提供科学决策和有效管理服务的体系。此外，许多中介机构存在资信验证、职能规范、工作质量等方面的缺陷，其职业道德水平和客观公正性也受到质疑。各类中介机构行业自律机制尚未真正建立，虚假评估、审计和恶性竞争等问题时有发生。

（四）政府监管方面

我国金融投资活动的管理框架经过多次调整已形成以下结构：

（1）中国证券监督管理委员会（证监会）：直属国务院，负责整个资本市场和金融投资活动的管理，制定相关法规并监管各类机构和融资活动。下辖大片分区设部和各省会城市及计划单列市的特派员办事处。

（2）证券业协会：作为行业自律组织，参与全国资本市场及金融投资活动的管理，维护行业规范和秩序。

（3）证券交易所：组织证券的集中交易活动，指导和监管会员券商的经纪活动和公众的投资活动。

（4）证券公司：为公众投资活动提供中介服务，扮演着投资咨询、交易执行等角色。

（5）会计师事务所、律师事务所等：为上市公司和券商提供财务、法律等服务。

尽管这一管理框架与市场经济要求较为吻合，但在实际运作中仍存在一些问题。例如，上市公司的选择仍然受到分配发行指标和政府干预的影响，证监会对公司上市的最终决定权仍然较大，证券交易所和证券公司管理人员的任免也受到政府控制。这些现象与市场经济的要求不太相符，需要进一步改进监管架构和监管方式，更好地适应市场经济的发展需要。

（五）投资环境方面

金融投资环境是指各种因素综合作用下形成的满足投资者进行投资经营并获取投资收益的条件。这包括物质形态的环境，如交通、通信、基础设施和交易市场，也包括非物质形态的人际环境，如经济体制、经济政策、文化传统、法律制度等。其中，交易市场环境是金融投资的核心载体。

我国金融投资环境的发展与金融市场的发育密切相关。虽然金融市场的活跃程度不断提升，但也面临着一系列困难。融资工具发行、流通、交易等环节存在问题，国有股份结构不合理、股市结构单一、上市标准僵化等也影响了金融市场的发展。此外，证券业的组织和管理方面也存在挑战。

这些问题的根源在于金融投资环境的薄弱和环境要素组合体系的不完善。随着商品经济发展的限制，金融市场的发育受到制约。因此，改进和完善金融投资环境已成为培育金融市场、完善金融投资体系、促进金融投资发展的关键。

二、金融投资体系的构建和完善

金融投资体系的构建和完善是实现经济可持续增长、促进财富增长和风险管理的关键一环。这一体系涵盖了金融市场、金融机构、金融产品和金融监管等多个方面，需要政府、金融机构、企业和个人等各方共同努力，以建立一个稳健、公平、高效的金融投资环境。

第一，金融市场是金融投资体系的基础。为了构建和完善金融投资体系，必须加强金融市场的建设。这包括不断完善证券市场、期货市场、外汇市场等各类金融市场的基础设施和监管体系，提高市场的透明度、公平性和效率性。同时，要加强对新兴金融市场的监管和引导，鼓励金融创新，促进金融市场的多元化发展。

第二，金融机构是金融投资体系的核心。为了构建和完善金融投资体系，需要建立健全各类金融机构，包括商业银行、证券公司、保险公司、信托公司等。这些金融机构应当注重风险管理，提高服务水平，为投资者提供更加多样化、专业化的金融产品和服务。同时，要加强对金融机构的监管和评估，保护投资者的合法权益，维护金融市场的稳定和健康发展。

第三，金融产品是金融投资体系的核心内容。为了构建和完善金融投资体系，需要丰富和完善各类金融产品，包括股票、债券、基金、衍生品等。这些金融产品应当具有多样化、风险可控、收益稳定的特点，满足不同投资者的需求。同时，要加强对金融产品的监管和评估，提高金融产品的透明度和公平性，防范金融风险，保护投资者的合法权益。

　　第四，金融监管是金融投资体系的保障。为了构建和完善金融投资体系，需要加强对金融市场、金融机构和金融产品的监管。这包括加强对金融市场的监管，建立健全金融市场的准入机制和退出机制，防范市场操纵和内幕交易；加强对金融机构的监管，建立健全风险管理和内部控制制度，防范金融风险；加强对金融产品的监管，规范金融产品的设计、销售和披露，保护投资者的合法权益。

　　在构建和完善金融投资体系的过程中，还需要注重加强国际合作，借鉴和吸收国际经验，推动金融市场的全球化发展。同时，要加强金融教育和投资者保护，提高投资者的风险意识和金融素养，促进金融投资的健康发展。

　　总之，构建和完善金融投资体系是一个长期而复杂的过程，需要政府、金融机构、企业和个人等各方共同努力，以促进金融市场的稳健发展、保护投资者的合法权益、推动经济的可持续增长。

第七章 金融风险与监督管理

第一节 金融风险管理概述

一、金融风险的定义与特征

（一）金融风险的定义

金融风险是指在金融活动中可能发生损失的概率或可能面临损失的程度。它是指金融市场、金融机构和金融产品所面临的不确定性和潜在的财务损失风险，包括市场风险、信用风险、流动性风险、操作风险和法律风险等多种形式。

第一，市场风险是金融投资过程中由于市场波动引起的资产价格下跌或价值损失的风险。这种风险主要源自市场价格的波动，包括股票、债券、汇率、商品等各类金融资产的价格波动，以及市场整体经济环境、政治环境等因素的变化。

第二，信用风险是金融交易过程中因交易对手违约或无法履约而导致损失的风险。这种风险主要包括借款人、债券发行人、保险公司、银行等金融交易参与者无法按时偿还债务或提供担保，从而导致投资者无法收回本金和利息。

第三，流动性风险是指金融市场和金融机构面临的资金流动性不足或无法满足资金需求而导致的风险。这种风险主要源自资产无法及时变现，或者金融机构无法及时获得足够的流动性资金来满足客户的提款和借款需求。

第四，操作风险是金融机构和金融交易参与者在业务操作中可能出现的错误、失误或故意破坏而导致的风险。这种风险主要包括人为错误、系统故障、欺诈行为等因素导致的损失。

第五，法律风险是指金融交易过程中可能因合同纠纷、法律诉讼或监管处罚等法律问题而导致的风险。这种风险主要源自法律制度和监管规定的不确定性，以及金融交易参与者的合规性和诚信度等方面的问题。

总的来说，金融风险是金融市场和金融机构所面临的各种不确定性和潜在的财务损失风险，需要通过有效的风险管理和监管来加以控制和规避，以确保金融系统的稳健运行和金融市场的健康发展。

（二）金融风险的特征

金融风险是金融活动中普遍存在的一种不确定性，它具有多种特征，包括但不限于以下几个方面。

（1）不确定性与概率性：金融风险的发生具有一定的不确定性，不同于确定性的经济收益。金融市场的波动、交易对手的信用状况、经济政策的变化等因素都会影响金融风险的产生和发展。虽然金融风险具有不确定性，但也存在一定的概率性，可以通过统计模型和风险评估方法来加以量化和评估。

（2）系统性与非系统性：金融风险可以分为系统性风险和非系统性风险。系统性风险是指整个金融体系面临的普遍性风险，与整体经济环境和市场条件相关，例如金融危机、经济衰退等。而非系统性风险是指特定金融资产或机构所面临的独特风险，与特定事件或因素相关，例如公司破产、信用违约等。

（3）多样性与复杂性：金融风险具有多样性和复杂性。金融市场涉及的资产种类繁多，包括股票、债券、外汇、期货等，每种资产都存在着不同类型的风险。此外，金融交易涉及的参与主体众多，包括个人投资者、机构投资者、金融机构等，不同主体之间的交易关系复杂，风险亦随之变得复杂。

（4）传染性与连锁性：金融风险具有传染性和连锁性，一旦发生风险事件，可能会波及其他相关的金融资产、机构或市场。例如，一家金融机构的破产可能引发整个金融系统的不稳定，导致市场恐慌和连锁反应。

（5）不对称信息与道德风险：在金融市场中存在信息不对称的问题，即交易双方拥有不同的信息水平，导致一方可能会利用信息优势获取利益，而另一方则面临风险。此外，道德风险也是金融市场中的一种风险，指的是市场参与者由于利益冲突或行为不端而产生的风险，例如内幕交易、欺诈行为等。

（6）资产价格波动性：金融市场中资产价格的波动性是金融风险的重要特征。资产价格的波动不仅会影响投资者的收益和损失，还会影响市场的稳定性和流动性。市场价格的波动性不仅受到市场供求关系、经济基本面等因素的影响，还受到市场心理、消息面因素等非经济因素的影响。

（7）时间性和空间性：金融风险具有时间性和空间性，即风险的发生和传播具有一定的时间序列性和地域性。不同时间段和地区的金融市场可能面临着不同类型和程度的风险，而且风险的传播速度和范围也会因时间和空间的变化而有所不同。

总的来说，金融风险是金融活动中不可避免的一种现象，具有不确定性、系统性、多样性、传染性、不对称信息等多种特征。了解和认识金融风险的特征，有助于金融市场参与者更好地理解和应对各种风险，从而降低损失，提高投资效益。

二、金融风险管理的内涵和目的

1. 金融风险管理的概念

金融风险管理是指金融机构或个人在金融活动中面对各种不确定性和潜在风险时，采取一系列的措施和方法，以降低风险发生的可能性，并在风险发生时最大限度地减少损失，从而保护资产和实现持续盈利的过程。其核心目标是通过有效的风险识别、评估、监测和控制，使金融机构在面对各种市场、信用、操作、流动性等方面的风险时能够做出及时、准确的应对，确保金融市场的稳定运行和投资者的利益保障。

金融风险管理的概念包括以下几个要点：

（1）风险识别和评估：风险管理的第一步是识别和评估各种潜在风险，包括市场风险、信用风险、操作风险、流动性风险等。通过对各种风险因素的分析和评估，确定风险的来源、程度和可能带来的损失，为后续的风险控制和应对提供基础。

（2）风险监测和控制：风险管理的核心是通过建立有效的监测和控制机制，及时发现和应对各种风险事件。这包括制定适当的风险限额和风险管理政策，建立风险报告和监测系统，加强对投资组合和交易活动的监督，确保风险在可控范围内。

（3）风险应对和应急预案：风险管理还包括制定有效的风险应对和应急预案，即在风险发生时采取合适的措施，减少损失和影响。这包括建立灵活的交易策略和投资组合调整机制，及时平仓或对冲风险暴露，以及与市场、监管机构等相关方的沟通和协调，共同应对风险事件。

（4）持续改进和学习：风险管理是一个持续改进和学习的过程。金融机构需要不断总结经验和教训，完善风险管理制度和措施，及时调整和优化风险管理策略，以适应市场环境和风险形势的变化。

综上所述，金融风险管理是一种综合性的管理活动，旨在有效识别、评估、监测和控制各种潜在风险，最大限度地降低风险带来的损失，保护金融机构和投资者的利益。

2. 金融风险管理的分类

（1）金融风险管理根据管理主体不同，可以分为内部管理和外部管理。金融风险内部管理指的是金融机构、企业、个人等直接承担风险的经济主体对其自身面临的各种风险进行管理的过程。作为风险的承担者和参与者，这些经济主体需要制定一系列的内部管理措施，以识别、评估、监控和控制各类风险，从而降低损失和保护自身利益。金融机构在金融风险内部管理中扮演着重要的角色，因为它们直接参与金融市场的各项活动，并且对金融风险承担着主要责任。

金融风险外部管理则主要包括行业自律管理和政府监管两方面。行业自律管理是指金融行业组织或协会对其成员的行为进行监督和规范，以确保金融市场的稳定和健康发展。这种管理方式强调行业自身的管理和约束，通过建立行业标准、规范和自律机制，对行业成员进行行为监督和指导，以防止不当行为和风险的出现。

另一方面，政府监管则是由官方监管机构以国家权力为后盾，对金融机构和金融市场的运作进行全面性、强制性和权威性的监督和管理。政府监管机构通过制定和执行法律法规、规范和标准，对金融市场的参与者和行为进行监控和管理，以维护金融市场的秩序和稳定，保护投资者的合法权益，防范系统性金融风险的发生。

综合来看，金融风险的内部管理和外部管理两者相辅相成，共同构成了完整的金融风险管理体系。内部管理侧重于经济主体自身的风险管理能力和自律机制，而外部管理则通过行业自律和政府监管，对金融市场的参与者和行为进行规范和监督，以确保金融市场的稳定、健康和可持续发展。

（2）金融风险管理根据管理对象不同，可以分为微观金融风险管理和宏观金融风险管理。微观金融风险管理是针对个别金融机构、企业或部分个人所产生的风险，其影响相对局部化，对整个金融市场和经济体系的影响较为有限。通过有效的微观金融风险管理，经济主体可以较低的成本避免或减少金融风险带来的损失。这种管理措施能够稳定经济活动的现金流量，保障生产经营活动免受风险因素的干扰，提高资金使用效率，为经济主体做出合理决策奠定基础。对金融机构和企业而言，有效的微观金融风险管理还有助于实现可持续发展。

相比之下，宏观金融风险管理则关乎整个金融市场和经济体系的稳定和发展。宏观金融风险可能引发金融危机，对经济、政治、社会的稳定产生重大影响。因此，有效的宏观金融风险管理至关重要，能够维护金融秩序，保障金融市场的安全运行。它有助于维持宏观经济的稳定和健康发展，防止金融风险对整个经济体系造成严重破坏。通过宏观金融风险管理，可以提前识别和应对潜在的系统性风险，防患于未然，为经济运行创造良好的环境。这有助于促进社会供需总量与结构的平衡，推动经济持续健康发展。

（二）金融风险管理的目的

金融风险管理的目的在于有效识别、评估、控制和应对金融系统中存在的各种风险，以确保金融机构、企业和个人在面对不确定性时能够做出适当的应对措施，从而保护其资产、维护市场稳定、促进经济发展。以下是对金融风险管理目的的扩写：

（1）保护资产安全：金融风险管理旨在保护个人、企业和金融机构的资产安全，防止金融活动中可能发生的损失和风险对其造成重大影响。通过及时识别和控制各类风险，确保资产能够稳健增值，保障投资者的利益。

（2）维护金融市场稳定：金融市场的稳定对整个经济体系至关重要。金融风险管理旨在防止金融市场出现大幅波动、恶性竞争或崩溃等问题，维护市场的正常运行和公平公正，确保金融市场的稳定性和可持续性发展。

（3）促进经济发展：有效的金融风险管理有助于提高金融市场的透明度、有效性和健康性，降低投资者和市场参与者的不确定性，为经济活动提供稳定的金融环境。这有助于促进资金的流动和配置，激发投资和创新活力，推动经济的可持续发展。

（4）保障金融体系健康：金融体系的稳健和健康是国家经济安全的重要组成部分。金融风险管理旨在防范和化解金融体系中可能出现的系统性风险和危机，确保金融体系的健康发展和稳定运行，避免金融风险对整个经济体系造成严重破坏。

（5）提升金融机构信誉：金融风险管理有助于金融机构建立良好的声誉和形象。通过严格的风险管理措施，金融机构能够提高其业务透明度和风险管控能力，增强市场信心，提升客户和投资者对其的信任度和忠诚度。

（6）遵循监管要求：各国政府和监管机构对金融机构和市场的监管要求日益严格。金融风险管理的目的也包括确保金融机构和市场遵守相关法律法规和监管规定，履行社会责任，保护消费者权益，防范金融犯罪和违规行为的发生。

三、金融风险管理的流程

金融风险管理的流程较复杂，一般包括以下四个阶段。

（一）金融风险的识别

金融风险的识别是金融风险管理过程的首要步骤，它涉及对各种潜在风险因素的准确辨识和评估。在金融领域，风险可能来自多个方面，包括市场风险、信用风险、操作风险、流动性风险、法律风险和其他风险等。因此，有效的风险识别需要全面、系统地审视金融机构、市场和交易中可能涉及的各种风险因素。以下是金融风险识别的详细扩写：

（1）市场风险：市场风险是金融交易中普遍存在的风险之一，主要指由市场因素引起的投资损失。市场风险的识别需要对市场价格波动、行业走势、政策变化等因素进行分析，以确定金融资产价值可能面临的下跌风险。常用的市场风险指标包括波动率、价值 –at-risk（VaR）、相关性等。

（2）信用风险：信用风险是指因借款人或交易对手无法按时履行合约义务而导致的损失风险。在金融活动中，借款人违约、违约风险、不良贷款等都可能导致信用风险。金融机构需要对客户信用状况、贷款违约概率、担保品价值等进行评估，以识别潜在的信用风险。

（3）操作风险：操作风险是金融机构在日常运营中可能面临的内部错误、失误或不当行为所导致的风险。操作风险可能包括交易处理错误、技术系统故障、管理失误等。金融机构需要对其内部流程、系统和人员进行审查，以发现和识别可能存在的操作风险。

（4）流动性风险：流动性风险是指金融机构或个人资产无法及时变现或获得足够流动资金的风险。流动性风险可能导致资产无法及时变现或处置，从而造成资金短缺和损失。金融机构需要评估其资产和负债的流动性特征，以识别潜在的流动性风险。

（5）法律风险：法律风险是指金融机构或个人可能面临的法律诉讼、合规问题或法律责任风险。金融机构需要审查其业务活动是否符合法律法规的要求，以及可能面临的法律风险和法律责任。此外，涉及不同司法管辖区的金融业务还需要考虑跨境法律风险。

（6）其他风险：除了上述主要风险外，金融市场还存在着许多其他类型的风险，如政治风险、汇率风险、利率风险等。金融机构需要全面考虑各种可能影响其资产和负债价值的因素，以识别可能存在的风险。

金融风险识别不仅需要全面了解金融市场和金融产品的特点，还需要对经济、政治、社会等因素的变化进行分析和评估。只有准确识别各种潜在风险因素，金融机构才能制定有效的风险管理策略和措施，降低风险带来的不利影响，保护资产安全，维护金融市场的稳定和健康发展。

（二）金融风险的监测

风险监测在金融风险管理流程中扮演着关键角色，它有助于实现对风险的实时控制和动态管理，从而有效降低潜在损失。风险监测的目标是通过持续监控各种风险指标，评估风险状况及已采取措施的效果，及时调整管理策略和应对措施。

首先，风险监测需要确保机构内对于风险的统一认识，高级管理层应确保所有部门和人员对于风险的理解是一致的，并且建立相应的监测、评估和报告机制。这意味着要建立统一的风险定义、分类和评估标准，并确保各部门的工作协调一致，避免信息孤岛和工作重叠。

其次，风险监测的工作机制必须与机构的业务规模和风险承担规模相匹配。不同规模和性质的金融机构所面临的风险各不相同，因此监测机制需要根据机构的实际情况进行定制化设计，既要考虑监测的广度和深度，也要注重监测手段和方法的灵活性和有效性。

在风险监测的方式上，通常存在着垂直系统和横向系统两种方式。

垂直系统主要由宏观、中观和微观三个层次的监测子系统构成。在宏观层面，通常由中央银行等机构负责，监测整个金融体系的风险状况，包括宏观经济形势、金融市场的整体情况等。中观层面主要由省级银行、商业银行等负责，监测本地区或本行业的风险状况，为宏观风险监测提供数据支持。微观层面则是各个金融机构自身建立的风险监测系统，监测个别机构的风险状况和管理情况。

横向系统是各金融机构内部开发的风险监测系统，通过量化和建模方法，对各类风险因素进行识别和评估，并提供预警和管理建议。这种系统通常会涵盖市场风险、信用风险、操作风险等各个方面，通过数据分析和模型计算，发现潜在风险，并采取相应措施加以应对。

综上所述，有效的风险监测需要结合垂直系统和横向系统两种方式，确保全面覆盖各个层面和方面的风险，及时发现和应对潜在风险，从而保障金融机构的稳健经营和风险防范能力。

（三）金融风险的管理策略

在完成风险计量后，要确定所采用的风险管理策略。不同的风险可以采取不同的风险管理策略。风险管理策略一般分为控制法和财务法。控制法是指在损失发生前，运用各种控制技术，力求消除各种隐患，减少风险诱因，降低损失。控制法主要包括风险规避、风险分散、风险对冲等。财务法是指在风险发生并已造成损失后，运用财务工具（如损失准备金、存款保险金、风险资本等）对损失的后果及时补偿。财务法主要包括风险转移、风险补偿等。

（四）风险报告

风险报告在金融风险管理中扮演着至关重要的角色，它是对风险识别、计量、监测、管理策略效果的全面反映，为机构的决策提供重要参考。为确保风险报告的全面、严格、及时，金融机构需要建立完善的风险报告制度及反馈机制，以及保证报告的准确性和及时性。

首先，风险报告应包括以下重要信息。

风险的整体状况：报告应对风险的主要分布状况、损失情况、重要风险事件及其诱因进行描述，全面反映当前风险形势。

风险计量和控制的结果：报告应呈现风险指标的敏感程度，识别出的重大风险和采取的控制措施及其执行效果，以便评估风险管理的有效性。

资本金水平：根据风险计量结果及其变动情况评估风险资本水平，确保资本充足性，为合理配置资本提供依据。

加强风险管理的建议：根据风险结果提出加强风险管理的对策和风险计量及控制方法的修正意见，为风险管理决策提供参考。

其次，风险报告应具备反馈机制，确保各级管理层对监测过程中的问题高度重视，并及时进行整改和主动纠错。此外，各级风险管理机构要建立通畅的监测信息反馈机制，及时了解并解决问题，防止同样错误反复发生。对发现的同一类型问题屡查屡犯的人员及机构，要对其违规行为进行处理，加强风险防范和管理。

最后，各分支机构应确保风险管理各环节的记录真实、完整，按时报送风险报告，保证信息的准确性和及时性。此外，风险报告的制度应得到严格执行，确保各级业务负责人、风险主管、高级管理层以及董事会都能够及时了解和评估风险管理的整体情况，为决策提供可靠的参考依据。

第二节　金融风险的监督管理

一、金融风险监管的理论根源及其有效性的争论

（一）金融风险监管的理论根源

（1）金融机构的负债率较高。金融机构的债权人分布广泛，涵盖了社会各个阶层。一旦某家金融机构由于过度承担金融风险而破产，损失不仅仅局限于其所有者，还会波及众多债权人。由于金融风险的传染性，这种波及效应可能会进一步扩大，影响其他金融机构，引发系统性的金融风险。

金融机构倒闭所带来的外部负面效应可能会放大，这取决于多种因素。首先，金融机构的规模和影响力会影响其倒闭后对市场的冲击程度。若该机构在市场上占据重要地位，其倒闭可能会对市场产生更严重的冲击。其次，金融机构的资产负债结构、风险管理水平及市场地位也会影响其倒闭后的影响程度。如果金融机构过度承担了高风险资产，并且风险管理不善，其倒闭所引发的负面效应可能更加严重。此外，金融机构倒闭后市场的反应也是影响放大效应的

重要因素。如果市场对金融机构倒闭缺乏信心，可能会引发恐慌性卖出，加剧市场动荡。

金融机构倒闭所带来的外部负面效应可能导致系统性的金融风险。系统性风险是指金融体系中的一个或多个关键部分出现问题，从而对整个金融系统造成严重影响的风险。当一个金融机构倒闭引发连锁反应，会导致其他金融机构出现信用风险、流动性风险等问题，整个金融系统可能陷入危机。在极端情况下，系统性风险甚至可能引发金融市场的崩溃，对实体经济产生严重的负面影响。

因此，金融机构倒闭的外部负面效应可能会产生不同程度的放大效应，甚至引发系统性的金融风险。为降低这种风险，金融机构需要加强风险管理，确保资产负债平衡，提高风险监测和应对能力，以减少金融风险对市场和经济的负面影响。同时，监管部门也需要加强对金融机构的监管，提高金融体系的稳定性和抗风险能力，防范系统性金融风险的发生。

（2）金融体系在国民经济中占有举足轻重的地位。存款机构是货币的主要供应者，并为社会提供支付体系。金融体系的稳定对货币供给的稳定和支付结算的顺利进行具有十分重要的意义。金融风险引发的金融动荡有可能会造成宏观经济震荡。

（二）金融市场的信息不完全和不对称难以由市场机制消除

在金融交易中，信息不完全和信息不对称的问题普遍存在，这导致了金融市场的不平衡。资金供求双方在拥有信息方面存在明显的差异，这会引发一系列的问题。

首先，资金需求者通常是信息优势方，他们可能会故意隐藏对自身不利的信息，以获取更低成本的资金。与此同时，资金供给方难以准确评估需求方的信用状况，只能根据市场平均利率收取利息。这导致了低风险资金需求者因为无法接受市场平均利率而退出市场，剩下的主要是高风险需求者，从而加剧了市场的不稳定性。

其次，即使在金融契约签订后，资金的安全性仍面临着道德风险的考验。资金使用者可能会为谋求更高的利润而改变资金用途，从事高风险高收益的经济活动，或者恶意拖欠借款。这种行为可能导致借贷资金的损失，给出借资金的金融机构造成难以弥补的损失，加剧了金融市场的风险。

这种信息不对称和道德风险对金融市场的稳定和发展构成了威胁。为了应对这些问题，金融市场需要建立更加严格的信息披露制度，以确保交易双方能够获得足够的信息，并且建立有效的监管机制，防止道德风险的发生。此外，金融机构还应加强内部风险管理，采取措施降低不良贷款和资金损失的风险，从而维护金融市场的稳定和健康发展。

（三）金融体系具有内在的脆弱性

由于信贷资金使用与偿还上的分离、金融资产价格的波动性、金融机构的高负债经营等，使金融活动面临诸如信用风险、市场风险、流动性风险、操作风险等多种风险，极易引发金融动荡。

二、金融风险监管的目标和原则

（一）金融风险监管的目标

金融风险监管的具体目标主要体现在两个方面。

1．维护金融体系的稳定和安全

金融监管机构应建立和维护金融交易秩序，监督金融机构稳健经营，降低和防范金融风险，维护公众对金融体系的信心，防止系统危机和市场崩溃的发生。

2．保护社会公众利益

银行存款人、证券市场投资者以及其他金融机构的公众客户作为金融市场中的风险承受者，往往在信息获取和资金规模方面处于劣势地位。这使得他们更容易受到金融风险的负面影响，因此，金融监管机构应当积极保护他们的合法权益。

金融风险监管的总体目标是在一定的约束条件下追求最优的效果，其中包括稳定、公平和效率三个方面。具体而言，金融监管应该在以下几个方面努力。

首先，稳定性是金融监管的首要目标之一。金融市场的稳定对于整个经济体系的稳定至关重要。金融监管机构应该采取措施防范和化解系统性风险，防止金融危机的发生，并保障金融体系的稳健运行。

其次，金融监管应该追求公平。在金融市场中，信息不对称和市场操纵等不正当行为可能损害公众客户的利益。因此，金融监管机构应该加强市场监管，打击市场操纵、内幕交易等违法行为，保障投资者的合法权益，维护市场的公平和透明。

最后，金融监管应该追求效率。金融市场的有效运行对于促进经济增长和资源配置至关重要。金融监管机构应该制定合理的监管政策和规则，鼓励金融创新，提高金融市场的竞争性和效率，促进金融资源的优化配置，从而推动经济的健康发展。

综上所述，金融监管机构应该在稳定、公平和效率三个方面寻求均衡，全面保护金融市场中各方的合法权益，促进金融市场的健康发展。

（二）金融风险监管的原则

金融风险监管是金融体系稳定和健康发展的关键组成部分，其核心任务是识别、评估和管理金融系统中的各种风险。为了有效应对金融风险，金融风险监管需要遵循一系列原则。以下是金融风险监管的几项重要原则。

（1）全面性原则：金融监管应全面覆盖金融体系中的所有机构和活动，包括银行、证券市场、保险业等各个领域，确保监管覆盖面广泛，防止监管漏洞。

（2）风险导向原则：金融监管应该以风险为导向，将资源和注意力优先投向那些系统性风险较高、影响较大的领域和机构，以便及时识别、评估和管理潜在的风险。

（3）预防性原则：金融监管应该采取预防措施，防范和化解金融系统中的各种风险。这包括加强监管制度建设、提高风险监测和评估能力、强化风险管理和应急预案等方面的措施。

（4）谨慎性原则：金融监管应该以谨慎为基调，确保金融体系的稳健和安全。这包括加强监管规则和制度的健全性和有效性，及时发现和应对金融风险，防止金融市场的异常波动和系统性风险的出现。

（5）透明度原则：金融监管应该保持透明度，及时公布监管政策、规则和信息，使市场参与者能够清晰地了解监管要求和措施，增强市场的透明度和可预测性，促进市场的稳定和健康发展。

（5）协同性原则：金融监管应该加强国际合作和协调，与其他国家和国际组织分享信息、经验和最佳实践，共同应对跨境金融风险和全球性金融挑战，维护全球金融稳定。

（6）创新适应性原则：金融监管应该保持与金融创新和发展同步，不断调整监管政策和制度，适应金融市场的变化和新形势，提高监管的灵活性和适应性，确保监管措施能够有效应对新型风险和挑战。

综上所述，金融风险监管的原则应该是全面性、风险导向、预防性、谨慎性、透明度、协同性和创新适应性。这些原则有助于保障金融体系的稳定和健康发展，有效防范和化解各种金融风险，提高金融市场的稳定性和适应性。

三、金融风险监管体制

（一）金融风险监管的要素

金融风险监管体制的建立旨在确保金融市场的稳健运行、保护投资者权益、防范系统性风险，其要素包括监管主体、监管客体和监管手段。

（1）监管主体：金融风险监管的实施者。监管主体通常由政府监管机构和行业自律组织组成。政府监管机构通常由官方机构承担监管职责，包括中央银行、金融管理部门、证券监管机构等。行业自律组织则由金融从业者自发组成，负责制定行业内的规章制度和自律准则，并监督会员遵守。

（2）监管客体：金融监管的对象，包括金融活动和金融活动的参与者。金融机构是监管的主要对象，包括商业银行、保险公司、证券公司、投资基金、信托投资公司等。此外，金融市场、金融产品和服务也是监管的客体，例如证券市场、保险市场、债券市场等。

（3）监管手段：为实现监管目标而采用的方法和手段。监管主体采取多种手段对金融产品、服务和机构进行监管，主要包括行政手段、法律手段和经济手段。行政手段包括颁布监管规定、审核金融机构的经营许可和资质、进行监督检查等；法律手段则是通过立法和司法手段对金融违规行为进行惩处和制裁；经济手段包括调控货币政策、利率政策、信贷政策等，以及实施风险准备金、存款保险等措施。

金融风险监管体制的建立和完善需要政府和行业自律组织密切合作，共同制定监管政策和规则，确保金融市场的稳定和健康发展。监管主体应当加强监管协调和信息共享，提高监管效率和有效性，促进金融市场的透明度和公平性，保护投资者的合法权益，防范金融风险的发生和扩散。

（二）现代金融风险监管体制发展的新变化

1．政府监管和自律监管趋于融合

金融风险监管体制根据监管主体的不同可分为政府型监管体制和自律型监管体制。这两种体制各有优势和劣势，但在实践中逐渐出现了融合的趋势，以更好地应对日益复杂的金融市场环境。

（1）政府型监管体制

①优势：政府型监管体制由政府设立专门的监管机构，具有公信力，能够公平、公正、公开地履行监管职责，保护社会公众的利益。政府监管机构能够制定相关的法律、法规和规章制度，要求各金融机构严格遵守，从而有效管理金融风险。

②劣势：随着金融市场的不断创新和复杂化，政府型监管体制面临监管难度增大的问题。政府既需要加强监管，又不能过分干预市场，容易陷入两难境地。

（2）自律型监管体制

①优势：自律型监管体制由行业自身组织负责管理，这些组织更熟悉本行业的具体情况，能够更及时、灵活地应对市场变化。自律组织还能够更好地保护本行业的利益，促进行业健康发展。

②劣势：自律型监管体制缺乏强有力的公信力和执行手段，容易出现自我保护、忽视其他各方利益的情况，导致监管效果不佳。

在金融风险监管的实践中，政府型监管体制和自律型监管体制逐渐趋向融合，形成了一种政府与行业自律相结合的监管模式。这种模式既充分利用了政府的监管力量和自律组织的行业专业性，又能够灵活应对金融市场的变化，提高了监管的有效性和适应性。政府型监管体制和自律型监管体制相互配合、相互补充，共同构建起健康、稳定的金融市场环境。

2．外部监管和内部控制相互促进

外部监管主体已经开始转变，不再仅仅依赖于对金融机构的外部管制，而更注重促使金融机构加强内部控制制度，提升自我监督水平。金融监管机构对金融机构的内控制度提出了全方位的要求，要求其建立完善的内控机制和制度，以确保金融市场的稳定和安全。具体来说，这些要求包括以下几个方面。

（1）科学的企业治理结构：金融机构需要建立科学合理的企业治理结构，包括明确的权责分工、有效的决策机制和透明的信息披露制度，以确保管理层的合理运作和有效监督。

（2）独立的内部监察机构：金融机构应设立独立于管理层的内部监察机构，负责监督和审查内部控制制度的执行情况，及时发现和纠正潜在风险和问题。

（3）明确的风险控制分工：不同业务职能部门需要明确的风险控制分工，并建立彼此相互制约的关系，以确保全面有效地管理各类风险。

（4）谨慎的授信审批制度或分级授权制度：金融机构需要建立谨慎的授信审批制度或分级授权制度，确保资金使用的安全性和合理性，防止信贷风险的产生。

（5）严格的会计控制制度：金融机构需要建立严格的会计控制制度，确保财务信息的准确性、真实性和完整性，防止会计舞弊和不当财务报告的发生。

（6）有效的内部监察与稽核制度：金融机构应建立有效的内部监察与稽核制度，定期对内部控制制度和业务运作进行审查和评估，及时发现和解决问题。

（7）合理的员工管理制度：金融机构需要建立合理的员工管理制度，包括招聘、培训、激励和考核机制，确保员工的素质和职业道德，减少内部不端行为的发生。

这些内部控制制度的建立和完善，有助于金融机构加强自我监管能力，提高风险防范和控制水平，从而保障金融市场的稳定和健康发展。

3．分业监管向统一监管转变

分业监管和统一监管是两种不同的金融监管模式，它们在金融市场管理中发挥着不同的作用。

（1）分业监管：是根据金融机构及其业务范围的划分，由多家专业监管机构分别进行监管。在分业监管模式下，不同类型的金融机构由专门的监管机构进行监管，如银行由银行监管机构监管、证券公司由证券监管机构监管、保险公司由保险监管机构监管等。这种监管模式有利于监管机构更加专业化地进行监管，能够更深入地了解和控制各个领域的风险。

（2）统一监管：管是指一家机关机构承担监管职责，将金融业作为相互连续的整体进行统一监管。在统一监管模式下，一家监管机构负责监管所有类型的金融机构和金融市场，统一规范金融市场的运行。这种监管模式能够确保金融市场的整体稳定和协调发展，提高监管的效率和一致性。

尽管目前大多数国家仍然采用分业监管模式，但受到混业经营的影响，实行完全分业监管的国家呈现出逐渐减少的趋势。混业经营指的是金融机构在不同领域开展多元化的金融服务，导致金融业务之间的界限变得模糊，难以进行有效监管。因此，一些国家开始倾向于采用统一监管模式，以适应金融业务日益复杂和多元化的发展趋势，提高金融市场监管的效能和适应性。

4．功能型监管理念对机构型监管理念提出挑战

传统的机构型监管模式是以金融机构的类别作为标准来划分监管职责，而功能型监管模式则是根据金融产品的特定功能来确定相应的监管机构。在功能型监管中，监管机构不再局限于监管特定类型的金融机构，而是根据金融产品的功能来确定监管职责的范围，从而更加灵活地应对金融市场的发展和变化。

功能型监管能够有效地解决混业经营中金融创新产品监管归属的问题，避免出现监管真空和监管盲区。通过功能型监管，监管机构可以更加全面地把握金融市场上涌现出的各种新型金融产品和服务，及时制定相应的监管政策和规定，保障金融市场的稳定和健康发展。

相比之下，传统的机构型监管容易受到金融业务创新的限制，难以适应金融市场快速变化的需求。因此，功能型监管在金融监管体系中具有更强的灵活性和适应性，能够更好地适应金融业务的创新和发展。

第三节　信用风险及市场风险管理

一、信用风险管理

（一）信用风险产生的原因

1. 现代金融市场内在本质的表现

（1）信用风险内生于金融市场。20世纪80年代在世界各地相继发生的金融风暴或金融事件，大多数是由信用风险引发的。事实上，即使没有引发大规模的金融危机，信用风险在金融活动中也是无处不在的。由于金融市场上涉及无数参与者，每时每刻都有大量的交易发生，因此金融市场上存在着大量的信用风险。

在信用风险管理中，风险与风险暴露是密切相关的概念，但二者又有所不同。风险暴露指的是在信用活动中存在信用风险的位置以及受信用风险影响的程度。举例来说，银行持有的贷款头寸就是一种风险暴露，但并不等同于信用风险；而贷款的拖欠或违约则是信用风险的具体体现，而非风险暴露。

实际上，有些信用产品的风险暴露程度很高，但其信用风险却相对较低。比如，一笔以美元存款作为抵押的1000万元贷款，虽然风险暴露（贷款金额）很高，但其实际风险较低；相反，一笔小额的10万元信用贷款，尽管风险暴露程度较低，但可能发生损失的概率却较大。

风险暴露相对具体，易于计量，便于研究。然而，在进行信用风险管理时，不仅需要考虑风险暴露的大小，还需要综合考虑其他因素，如借款人的信用状况、市场环境等，以全面评估信用风险的程度。

（2）信用风险是金融市场的一种内在推动和制约力量。一方面，金融市场参与者若能抓住时机，就有机会获得可观的收益，因而能在激烈的竞争中获得成功；反之，则可能陷入 passivity，导致损失。因此，从某种程度上说，信用风险激发了金融市场参与者管理效率的提升，为金融市场注入了活力。

另一方面，信用风险可能引发严重的后果，具有警示作用，有助于一定程度上制约金融市场参与者的行为，从而在一定程度上调节整个金融市场的运行。

2. 信用活动中的不确定性导致信用风险

信用活动中的不确定性是金融市场中普遍存在的一个重要特征，它源于各种因素的复杂影响和相互作用。这种不确定性导致了信用风险的存在和发展，对金融市场的稳定和健康构成了挑战。下面将对信用活动中的不确定性及其与信用风险的关系进行详细阐述。

首先，我们需要了解信用活动中的不确定性主要体现在哪些方面。不确定性是指在信用活动中，各种因素的发展和变化不确定，难以准确预测和控制，从而导致风险的产生。这些因素包括但不限于以下几个方面。

经济环境的不确定性：经济环境的变化会对信用活动产生直接或间接的影响。例如，经济周期的波动、通货膨胀水平的变化、国际贸易政策的调整等都会对信用市场产生影响，导致信用风险的不确定性增加。

市场供求关系的不确定性：金融市场的供求关系是影响信用活动的重要因素之一。市场供求关系的不确定性表现为需求方和供给方对市场的预期、态度和行为的不确定，导致信用市场的波动和不稳定性增加。

信息不对称和信息不完全：信息不对称和信息不完全是金融市场中的普遍现象，它们会导致信用市场参与者无法准确获取、评估和处理信息，从而增加了信用风险的不确定性。例如，借款人可能掌握更多关于自身信用状况的信息，而债权人则缺乏完整的信息，导致信用交易中的不确定性增加。

政策和法律法规的不确定性：政策和法律法规的调整和变化会直接影响信用市场的运行和信用活动的发展。不确定的政策和法律法规会给金融机构和投资者带来不确定性，增加信用风险。

以上这些因素的不确定性相互交织、相互作用，使得信用活动的发展和变化充满了风险和挑战，从而导致了信用风险的产生和扩散。

其次，我们需要理解信用活动中的不确定性如何导致信用风险。信用风险是指因信用活动参与者的违约或不能履行合同义务而导致的财务损失。信用风险的产生主要与以下几个方面的不确定性密切相关。

（1）借款人信用状况的不确定性：借款人的信用状况是决定信用风险程度的关键因素之一。由于信息不对称和信息不完全，债权人往往无法全面了解借款人的信用状况，难以准确评估借款人的偿还能力和意愿，从而增加了信用风险的不确定性。

（2）市场变化的不确定性：金融市场的波动和变化会直接影响借款人的经营和还款能力，从而增加了借款人违约的风险。例如，经济衰退、行业竞争加剧、市场需求下降等因素都会导致借款人的经营状况恶化，增加借款人违约的可能性。

（3）政策和法律法规调整的不确定性：政策和法律法规的调整和变化会直接影响信用市场的运行和信用活动的发展，从而增加了信用风险。例如，政府出台新的金融监管政策或法规，可能导致金融机构的经营成本增加，增加了其违约的风险。

（4）外部环境变化的不确定性：外部环境的变化，如自然灾害、战争、国际政治局势等因素，也会直接影响信用市场的运行和信用活动的发展，增加了信用风险。

因此，信用活动中的不确定性导致了信用风险的产生和扩散。不确定性使得参与者难以准确评估风险，容易出现违约和损失，从而影响金融市场的稳定和健康发展。因此，有效管理和控制信用风险，提高市场的透明度和稳定性，成为金融监管和金融活动参与者的重要任务之一。

3. 信用当事人遭受损失的可能性形成信用风险

信用风险与损失密切相关，通常情况下，信用风险可能导致损失发生。这种关系可以从两个方面来理解：首先，对于任何一个信用活动而言，只要存在潜在的损失可能性，就意味着存在着信用风险。然而，这并不意味着该信用活动完全没有盈利的可能性。其次，信用风险是一种未来事件的可能性，是一种未知结果的预测。而当信用风险真正导致损失时，这只是信用风险的一个实际结果，而非信用风险本身。

（1）信用风险可能导致的损失主要有两种情况：

①直接损失：信用风险可能直接导致行为人遭受实际的经济损失。一般来说，信用风险所导致的可能损失越大，其信用风险程度就越高。例如，如果一家企业无法按时偿还贷款，导致银行损失了 100 万元，这种损失直接与信用风险相关。

②潜在损失：除了直接损失外，信用风险还可能导致行为人面临潜在的损失。例如，银行因贷款无法收回而失去了良好的再投资机会，或者长期债券投资者由于发行人违约而无法收回债券本息。这些潜在损失可能会对行为人的经济利益和正常经营秩序产生长期影响。

从整体经济的角度来看，信用风险还可能扰乱市场秩序，对经济发展产生不利影响。例如，如果信用市场发生连锁违约事件，将导致整个市场的信心受到严重打击，进而影响到资本市场的稳定和投资者的信心，甚至可能引发系统性金融风险，对整个经济体系造成重大影响。

因此，信用风险不仅可能导致直接的经济损失，还可能带来潜在的长期影响，并扰乱整个市场秩序，对经济发展产生不利影响。因此，有效管理和控制信用风险，是金融市场参与者和监管机构的重要任务之一。

（三）信用风险管理的特征及变化

信用风险管理表现出与其他风险管理不同的特征，此外，随着风险管理领域的迅速发展，信用风险管理也在不断深化，呈现出与传统管理不同的特点。

1. 信用风险管理的特征

信用风险管理作为金融领域的重要组成部分，具有多种特征，其核心是在不确定和复杂的环境下，通过各种手段和策略来评估、量化、监测和控制信用风险，以最大程度地减少损失并保护金融机构和市场的稳定。以下是信用风险管理的一些主要特征：

（1）不确定性和复杂性：信用风险管理的首要特征是其处于不确定和复杂的环境中。金融市场的变化和不确定性使得预测和评估信用风险变得更加困难，因此管理者需要依靠各种模型、工具和数据来应对不确定性。

（2）动态性：信用风险是一个动态的过程，随着时间和市场条件的变化，信用风险也在不断演变。因此，信用风险管理需要及时地调整和更新策略，以应对不断变化的市场环境。

（3）全面性：信用风险管理需要全面考虑金融机构所面临的各种信用风险，包括违约风险、市场风险、操作风险等。管理者需要综合考虑各种风险因素，并采取相应的措施来降低风险水平。

（4）量化和定量化性：信用风险管理需要对风险进行量化和定量化，以便更好地理解和评估风险的程度。通过使用各种量化模型和工具，管理者可以对信用风险进行定量分析，并制定相应的管理策略。

（5）多维度性：信用风险管理涉及多个方面和维度，包括客户信用评级、贷款审查、资产负债管理等。管理者需要在不同的维度上进行全面考虑和管理，以确保风险得到有效控制。

（6）信息不对称性：在信用交易中，信息不对称是普遍存在的现象，即一方拥有更多或更准确的信息而另一方缺乏信息。信用风险管理需要解决信息不对称性带来的挑战，并采取相应的措施来降低信息不对称性对风险管理的影响。

（7）全局性：信用风险管理需要从全局的角度来考虑和管理，即要考虑整个金融体系的稳定性和健康发展。管理者需要密切关注国际金融市场的变化和发展趋势，及时调整和优化信用风险管理策略。

（8）合规性：信用风险管理需要符合相关的法律法规和监管要求，保证金融机构的合规运营。管理者需要确保风险管理策略和措施以符合法律法规的规定，并配合监管机构进行监督和检查。

综上所述，信用风险管理具有不确定性和复杂性、动态性、全面性、量化和定量化性、多维度性、信息不对称性、全局性和合规性等多种特征，这些特征共同构成了信用风险管理的核心内容和要求。只有充分认识和理解这些特征，才能有效应对金融市场中的信用风险，保护金融机构和市场的稳定。

2．信用风险管理特征的变化

信用风险管理是金融机构面临的一项重要任务，其特征随着金融市场和监管环境的不断演变而发生变化。以下是信用风险管理特征变化的扩写。

（1）技术和数据驱动：随着信息技术的迅猛发展和大数据技术的广泛应用，信用风险管理逐渐向技术和数据驱动转变。金融机构通过应用人工智能、机器学习和大数据分析等先进技术，能够更准确地评估客户的信用风险。这种技术驱动的变革使得风险管理过程更加高效和精确。

（2）综合化风险管理：以往，金融机构可能将信用风险、市场风险和操作风险等分开管理，但现在越来越多的机构开始将这些风险整合起来，形成统一的风险管理体系。这种综合化的风险管理方式有助于金融机构更全面地识别和管理各种风险，提高整体风险管理水平。

（3）客户体验和个性化服务：金融市场竞争日趋激烈，客户体验和个性化服务成为金融机构吸引和留住客户的重要手段。因此，信用风险管理不仅关注风险控制，还注重提升客户体验，通过简化流程、提高效率和提供个性化服务等方式，增强客户的满意度和忠诚度。

（4）强化监管和合规性要求：随着金融市场的不断发展和金融危机的教训，监管机构对金融机构的风险管理提出了更高的要求和更严格的监管。金融机构需要加强内部控制和合规性管理，确保符合监管规定，并配合监管机构进行监督和检查。

（5）全球化风险管理：随着金融市场的全球化和跨境业务的增加，金融机构面临的信用风险也变得更加复杂和多样化。因此，金融机构需要更加注重全球化视野和跨境合作，加强与国际监管机构和其他金融机构的合作与交流，共同应对全球化的信用风险挑战。

（6）可持续发展和ESG风险考虑：近年来，环境、社会和治理（ESG）因素对金融风险管理的影响越来越大。金融机构不仅需要关注传统的信用风险，还需要考虑与环境保护、社会责任和良好治理相关的风险，以提高企业的可持续发展性和社会责任感。

（7）金融科技的应用和影响：金融科技的迅速发展对信用风险管理产生了深远影响。新兴的金融科技公司提供了更加灵活和高效的风险管理解决方案，挑战传统金融机构的地位。金融机构需要不断创新和转型，以适应金融科技发展的趋势。

综上所述，信用风险管理的特征正在不断发生变化，呈现出技术和数据驱动、综合化、客户体验和个性化服务、强化监管和合规性要求、全球化、ESG风险考虑以及金融科技的应用和影响等新趋势。金融机构需要及时调整策略和方法，以适应不断变化的信用风险管理环境，提高风险管理水平和能力。

二、市场风险管理

（一）市场风险管理的目标

市场风险管理的目标是通过将市场风险控制在商业银行可以承受的合理范

围内，实现市场风险调整的收益率最大化。

（二）市场风险管理的流程

市场风险管理是商业银行经营管理的重要组成部分，涉及识别、计量、监测和控制市场风险的全过程。商业银行应全面了解并有效管理所有交易和非交易业务中的市场风险，以确保安全、稳健地经营。以下是市场风险管理的关键特征：

（1）全面识别市场风险：商业银行需要充分了解其所面临的各种市场风险，包括利率风险、汇率风险、商品价格波动风险等。通过对市场环境和交易情况的分析，识别可能对银行资产和负债产生影响的潜在风险因素。

（2）准确计量市场风险：商业银行应采用适当的模型和工具，对市场风险进行准确计量。这包括利用风险价值（Value at Risk，VaR）等方法量化市场风险暴露，评估不同风险因素对银行资产和负债的影响程度。

（3）持续监测市场风险：商业银行需要建立健全的监测机制，对市场风险进行持续监测。通过监测市场情况、风险指标和交易活动，及时发现并应对潜在的市场风险暴露，防范可能的损失。

（4）适当控制市场风险：商业银行应制定并实施有效的市场风险管理措施，以控制市场风险水平在合理范围内。这包括建立风险限额和监管指标，制定风险管理政策和流程，加强内部控制和审计，确保风险暴露在可控范围内。

（5）与经营管理活动有机结合：市场风险管理应与商业银行的战略规划、业务决策和财务预算等经营管理活动紧密结合。商业银行应将市场风险管理纳入全行的经营管理体系中，确保风险管理与业务发展相互促进，实现风险与回报的平衡。

（6）市场风险与资本实力相匹配：商业银行所承担的市场风险水平应与其市场风险管理能力和资本实力相匹配。银行需要根据自身的风险承受能力和财务状况，合理配置资本，并确保具有足够的资本储备以抵御市场风险可能带来的损失。

综上所述，市场风险管理是商业银行保持安全、稳健经营的关键环节，需要全面识别、准确计量、持续监测和适当控制市场风险，并与经营管理活动有机结合，以确保风险管理与业务发展相互促进，实现长期可持续发展。

（三）市场风险管理政策和程序

市场风险管理政策和程序是商业银行为了有效管理市场风险而制定的一系列规章制度和操作流程。这些政策和程序旨在确保银行在面对市场波动和不确定性时能够及时识别、准确计量、持续监测和适当控制市场风险，从而保障其安全、稳健经营。以下是市场风险管理政策和程序的关键内容。

风险管理政策制定： 商业银行应建立健全的市场风险管理框架，制定清晰明确的风险管理政策。这些政策应包括市场风险的定义和分类、风险管理的目标和原则、风险管理的责任和权限分配、风险监测和报告制度、风险控制和应对措施等内容，以确保风险管理工作的有效开展。

风险管理程序建立： 商业银行应根据市场风险管理政策制定相应的管理程序和操作流程。这些程序应包括风险识别和评估流程、市场风险计量方法和模型的选择和应用、风险监测和报告程序、风险控制和应对措施的制定和执行、风险管理结果的评估和反馈等内容，以确保市场风险管理工作的有序开展。

风险识别和评估： 商业银行应建立健全的市场风险识别机制，通过分析市场环境和交易情况，及时识别可能存在的市场风险暴露。同时，银行需要对不同的市场风险因素进行评估，评估其对银行资产和负债的影响程度，确定关键风险指标和敏感性分析方法，为后续风险管理工作提供依据。

市场风险计量和模型选择： 商业银行应选择适当的市场风险计量方法和模型，对市场风险进行准确计量。常用的计量方法包括历史模拟法、蒙特卡洛模拟法和参数法等，银行需要根据自身情况和业务特点选择合适的方法，并建立有效的计量模型，为风险监测和控制提供支持。

（1）风险监测和报告：商业银行应建立健全的市场风险监测和报告机制，及时监测市场情况、风险指标和交易活动，发现并报告潜在的市场风险暴露。监测报告应包括市场风险暴露情况、风险指标变化趋势、异常波动和风险事件等内容，为管理层决策提供及时、准确的信息支持。

（2）风险控制和应对措施：商业银行应制定有效的市场风险控制和应对措施，针对不同的市场风险因素和暴露情况采取相应的控制和应对策略。这包括设定风险限额和监管指标、建立风险管理政策和流程、加强内部控制和审计、实施风险转移和对冲等手段，以确保市场风险在可控范围内。

（3）风险管理结果评估和反馈：商业银行应定期评估市场风险管理工作的效果，分析风险管理结果和措施的有效性，及时调整和改进风险管理政策和程序。同时，银行应建立良好的内部和外部沟通机制，及时向管理层和监管机构报告市场风险管理情况，并接受相关部门的监督和审查。

综上所述，市场风险管理政策和程序是商业银行管理市场风险的重要手段，通过制定清晰明确的政策和程序，确保市场风险管理工作的有效开展，为银行的安全稳健经营提供保障。

第四节 操作风险及流动性风险管理

一、操作风险的控制

（一）操作风险的内部控制

操作风险的内部控制是商业银行为了识别、评估、监测和管理操作风险而制定的一系列措施和程序。这些控制措施旨在确保银行在日常运营中有效管理操作风险，保障其业务的安全、稳健和合规。以下是操作风险的内部控制的关键内容。

（1）风险意识和文化建设：商业银行应树立全员风险意识，促进风险管理理念的贯彻落实。银行管理层应加强对员工的风险教育和培训，使其了解操作风险的重要性和影响，激发员工主动参与风险管理的积极性。同时，银行应倡导风险管理文化，建立开放、透明、守法合规的营商环境，为内部控制的有效实施提供良好的基础。

（2）明确职责和权限分配：商业银行应明确各岗位和部门的职责和权限，建立健全的内部控制架构。银行管理层应确定并分配好员工的岗位职责和权限，明确各岗位的职责范围和权限边界，避免信息交叉和责任模糊。同时，银行应建立健全的授权和审批制度，确保重要业务决策和操作活动得到合理授权和审批，降低操作风险发生的可能性。

（3）流程规范和标准化：商业银行应建立健全的业务流程和操作标准，规范和标准化各项业务活动。银行应制定详细的操作流程和操作手册，明确业务流程和操作步骤，规范业务操作和处理流程，防范操作风险的发生。同时，银行应不断优化和完善业务流程，提高业务效率和风险管理水平。

（4）内部控制制度和检查机制：商业银行应建立健全的内部控制制度和检查机制，加强对操作风险的监督和管理。银行应建立内部控制框架和制度体系，包括风险管理政策、流程控制、内部审计、内部报告和风险监测等方面，明确各项控制措施和执行责任。同时，银行应建立健全的内部审计和检查机制，定期对业务活动和操作流程进行内部审计和检查，发现和纠正存在的问题和风险隐患，确保内部控制的有效性和稳健性。

（5）信息系统和技术支持：商业银行应建立健全的信息系统和技术支持体系，提升操作风险管理的科技化水平。银行应投资建设先进的信息系统和技术平台，加强对业务数据和信息的采集、存储、处理和传输，确保数据的完整性、准确性和可靠性。同时，银行应加强对信息系统的安全管理和风险控制，防范信息安全风险和网络攻击，保障业务的正常运行和数据的安全保密。

（6）员工培训和监督管理：商业银行应加强员工培训和监督管理，提升员工的操作技能和风险意识。银行应定期组织培训和学习活动，加强对员工的风险教育和培训，提高其对操作风险的认识和防范能力。同时，银行应建立健全员工的考核和奖惩机制，对员工的操作行为和绩效进行监督和管理，确保员工遵守操作规程和制度要求，减少操作风险的发生。

综上所述，商业银行应制定完善的操作风险的内部控制措施和程序，加强对操作风险的识别、评估、监测和管理，确保银行业务的安全、稳健和合规。同时，银行应不断优化和完善内部控制制度，提高操作风险管理水平，为银行的可持续发展提供有力保障。

（二）选择适当的控制技术

选择正确的操作风险控制技术对于商业银行的风险管理至关重要。控制技术的选择需要根据银行所处的国家或地区、银行规模及监管要求等因素来确定，并且是一个动态过程。在不同的管理阶段，银行可能需要采用不同的控制技术来实现操作风险管理的目标。以下是一些常见的操作风险控制技术及其应用情况。

（1）预期损失的规避和准备金方法：商业银行可以通过预算编制和产品定价等方式来规避预期损失，并在预算中设置操作风险损失准备金。这种方法通常适用于可以预见的、较为常见的操作风险事件，银行可以提前做好准备，降低损失的影响。

（2）非预期损失的经济资本配置：银行可以建立历史操作风险事件数据库，量化非预期损失，并据此计量应分配的经济资本。这种方法适用于那些难以预见的、较为罕见但可能造成较大损失的操作风险事件，银行需要为这些事件提供足够的资本覆盖以应对风险。

（3）重大损失和灾难损失的套期保值或风险外包与保险：银行可以采取套期保值或者购买保险等方式来降低重大损失和灾难损失的影响，以减轻经济资本配置的压力。这种方法适用于那些可能导致严重财务损失的突发性事件，银行可以通过外部保险或套期保值来转移一部分风险。

（4）突发事件损失的业务持续计划和风险自留技术：银行可以制订业务持续计划，以应对突发事件可能造成的损失，并采取风险自留技术来处理这些损失。这种方法适用于那些可能导致严重业务中断或财务损失的突发性事件，银行需要制定相应的预案和措施来应对风险。

在选择操作风险控制技术时，商业银行需要综合考虑成本、效益、风险承受能力以及监管要求等因素，确保选用的技术能够有效地降低操作风险，保障银行的安全稳健经营。同时，银行还需要不断优化和完善操作风险管理的技术和制度，以适应市场环境和风险变化的不断发展。

二、流动性风险管理

（一）资产及负债的流动性风险管理

1. 商业银行资产负债管理的主要内容

商业银行资产负债管理（ALM）是一项关键的战略性活动，旨在确保银行的资产和负债在风险管理、盈利能力和资本充足性方面达到最佳的平衡。资产负债管理涉及银行资产和负债的管理、配置和监控，以实现银行的长期盈利和风险控制目标。以下是商业银行资产负债管理的主要内容。

（1）资产管理

①贷款组合管理：商业银行通过贷款组合管理来管理和监控其贷款业务，包括贷款的种类、利率、期限、信用质量等。这包括确定贷款的定价策略、审批标准、风险分析和信用评估等方面的工作。

②投资组合管理：商业银行通过投资组合管理来管理其投资业务，包括证券投资、存款、债券和其他金融资产。这涉及资产的选择、配置和监控，以确保投资组合的风险和回报之间达到合理的平衡。

（2）负债管理

①存款组合管理：商业银行通过存款组合管理来管理和监控其存款业务，包括存款的种类、利率、期限、来源等。这包括确定存款的定价策略、推广活动、客户服务等方面的工作。

②债务发行管理：商业银行通过债务发行管理来管理其债务融资业务，包括债券发行、债务证券化、票据发行等。这涉及债务的种类、期限、利率、定价和市场营销等方面的工作。

（3）风险管理

①利率风险管理：商业银行需要管理和监控其资产和负债之间的利率风险，以确保银行在不同利率环境下的盈利能力和风险承受能力。这包括利率敏感性分析、套期保值和利率风险度量等工作。

②流动性风险管理：商业银行需要管理和监控其资产和负债之间的流动性风险，以确保银行在不同市场环境下的支付能力和流动性及稳定性。这包括流动性储备管理、资产负债匹配和流动性压力测试等工作。

（4）资本管理

资本规划和优化：商业银行需要进行资本规划和优化，以确保其资本充足性，满足监管要求和业务发展需要。这包括资本结构的优化、资本成本的管理和资本利用效率的提高等方面的工作。

（5）监控和报告

①风险监控和报告：商业银行需要建立有效的监控和报告机制，监控资产和负债的风险暴露和表现，并及时报告给管理层和监管机构。这包括风险指标的设定、监控系统的建立和风险报告的编制等方面的工作。

②商业银行资产负债管理的主要内容是综合性的，涵盖了资产和负债的管理、风险管理、资本管理及监控和报告等方面。有效的资产负债管理能够帮助银行实现长期盈利和风险控制目标，提高其竞争力和抗风险能力。

2．资产负债管理的基本指标

资产负债管理（ALM）是商业银行管理其资产和负债以达到风险管理、盈利能力和资本充足性的平衡的重要工具。在实践中，商业银行使用各种指标来评估和监控其资产负债状况。以下是资产负债管理中常用的基本指标。

（1）利率敏感性指标

①资产敏感性：衡量银行资产对利率变动的敏感程度。通常使用平均重置期限（average repricing period）或平均持有期限（average maturity）等指标来衡量资产的利率敏感性。

②负债敏感性：衡量银行负债对利率变动的敏感程度。同样使用平均重置期限或平均持有期限等指标来衡量负债的利率敏感性。

（2）流动性指标

①流动性缺口：衡量银行短期资产和负债之间的差额，以评估银行在不同市场环境下的支付能力和流动性风险。

②流动性比率：衡量银行短期资产与负债的比例，通常使用现金流量匹配率或流动性覆盖率等指标来评估银行的流动性水平。

（3）资本充足性指标

资本充足率：衡量银行资本与风险加权资产的比例，以评估银行的资本充足性。通常使用资本充足率或资本收益率等指标来评估银行的资本水平。

（4）收益和成本指标

①资产收益率（ROA）：衡量银行资产的盈利能力，通常使用净利润与资产总额的比率来计算。

②资本成本率（COC）：衡量银行资本的成本，通常使用资本成本与资本总额的比率来计算。

（5）风险指标

①信用风险指标：衡量银行贷款和债券投资的信用质量和风险程度，通常使用坏账率或违约率等指标来评估。

②市场风险指标：衡量银行投资组合在市场波动和变动中的损失风险，通常使用价值-at-Risk（VaR）或波动率等指标来评估。

（6）资产负债匹配指标

资产负债偏差：衡量银行资产和负债之间的差额，以评估银行的资产负债匹配程度。通常使用净资产负债或资产负债余额等指标来评估。

（7）市场份额和增长指标

①市场份额：衡量银行在特定市场或业务领域的市场占有率，通常使用市场份额或市场增长率等指标来评估。

②业务增长率：衡量银行在特定业务领域或市场中的增长水平，通常使用资产增长率或贷款增长率等指标来评估。

这些基本指标可以帮助银行管理者全面评估和监控其资产负债状况，制定相应的战略和决策，以实现风险管理、盈利能力和资本充足性的最佳平衡。

（二）现金流量管理

现金流量管理在商业银行的经营中扮演着至关重要的角色，特别是在识别、计量和监测流动性风险方面。以下是现金流量管理的一些关键方面和工具。

（1）现金流测算和分析框架建立：商业银行需要建立现金流测算和分析框架，以便有效地识别、计量与监测正常和压力情景下的现金流缺口。这个框架应该包括对资产和负债未来现金流的测算和分析，以及对可能的支付结算、代理和托管业务对现金流的影响进行考虑。

（2）资产和负债现金流分析：商业银行需要对其资产和负债的现金流进行分析，以确定未来的现金流状况。这包括对贷款、存款、证券投资、债务发行等资产和负债的未来现金流进行预测和评估。

（3）压力测试和情景分析：商业银行应该进行不同压力情景下的现金流测试和分析，以评估其在市场压力增加或不利情况下的现金流状况。这有助于银行确定在不同市场环境下的流动性风险水平，并采取相应的措施进行风险管理。

（4）流动性缺口管理：商业银行需要定期监测和管理其现金流缺口，即短期资产和负债之间的差额。通过识别和管理流动性缺口，银行可以确保在不同市场环境下的支付能力和流动性风险水平。

（5）流动性应急计划：商业银行应该制定流动性应急计划，以应对突发事件或不利情况下的流动性挑战。这包括准备好应对各种流动性危机的应对措施，并确保在需要时能够迅速采取行动。

综上所述，现金流量管理是商业银行识别、计量和监测流动性风险的重要工具，通过建立现金流测算和分析框架，进行资产和负债现金流分析，进行压力测试和情景分析，管理流动性缺口，以及制定流动性应急计划等措施，商业银行可以有效地管理其流动性风险，并确保其在不同市场环境下的支付能力和稳健经营。

1. 现金流测算分析的方法

商业银行在进行现金流量管理时，需要考虑以下几个方面的内容和基本指标。

（1）现金流量测算和分析报告：商业银行应该综合考虑表内外各项业务，按照本外币合计和重要币种的不同，区分正常和压力情景，考虑资产负债未来增长，分别测算未来不同时间段的现金流入和流出，并形成现金流量报告。这个报告可以帮助银行识别现金流量的来源和去向，及时发现潜在的流动性风险。

（2）确定到期日现金流和不确定到期日现金流的测算：商业银行需要对未来现金流进行区分，包括确定到期日现金流和不确定到期日现金流。确定到期日现金流是指有明确到期日的表内外业务形成的现金流，而不确定到期日现金流是指没有明确到期日的表内外业务，如活期存款等。商业银行应根据审慎性原则测算不确定到期日现金流，以保证风险的充分评估。

（3）评估潜在流动性需求：商业银行需要合理评估未提取的贷款承诺、信用证、保函、银行承兑汇票、衍生产品交易等可能带来的潜在流动性需求，并将其纳入现金流测算和分析中。同时，需要关注相关客户的信用状况、偿债能力和财务状况变化对潜在流动性需求的影响。

（4）行为调整假设的应用：商业银行在测算未来现金流时，可以按照审慎性原则进行交易客户的行为调整。这些行为调整假设应基于相关历史数据，并经过充分论证和适当程序审核批准，以确保其合理性。

（5）现金流缺口的管理：商业银行需要计算每个时间段的现金流缺口，即现金流入与现金流出的差额。根据重要性原则，商业银行可以选定部分现金流量较少、发生频率低的业务不纳入现金流缺口的计算，但需要经过内部适当程序审核批准。

（6）现金流缺口限额的设定：商业银行应由负责流动性风险管理的部门设定现金流缺口限额，确保与流动性风险偏好相适应，并经过内部适当程序审核批准。至少每年对现金流缺口限额进行一次评估，并在必要时进行修订，以确保流动性风险的有效管理。

综上所述，商业银行在进行现金流量管理时，需要综合考虑现金流量的来源和去向，区分不同类型的现金流，评估潜在的流动性需求，合理应用行为调整假设，并设定和管理现金流缺口限额，以确保流动性风险的有效管理和控制。

2. 现金流缺口的设定原则

商业银行在设定未来特定时间段的现金流缺口限额时应遵循以下原则。

（1）预测未来融资能力：商业银行应预测其未来特定时间段内的融资能力，特别是来自银行或非银行机构的批发融资能力。这包括对未来资金来源的预测，如存款、债券发行、同业拆借等。同时，应考虑压力情景下的调减系数，对预测进行适当调整，以考虑在不同市场环境下可能出现的资金供给紧张情况。

（2）计算优质流动性资产现金流入：商业银行应按照合理审慎的方法计算优质流动性资产变现所能产生的现金流入。这包括对持有的流动性资产的种类、数量和变现能力进行评估，以确定在不同情景下可以获得的现金流入量。优质流动性资产可能包括政府债券、高信用评级的债务工具等。

（3）考虑支付结算、代理和托管业务影响：商业银行设定现金流缺口限额时应充分考虑支付结算、代理和托管等业务对现金流的影响。这些业务可能会对银行的现金流产生影响，例如，代理业务可能涉及大额资金的流入和流出，而支付结算业务可能导致短期的现金流波动。因此，在设定现金流缺口限额时，银行应考虑这些业务的特点和影响，并适当调整限额以反映这些因素。

综上所述，商业银行在设定现金流缺口限额时应预测未来融资能力，计算优质流动性资产变现所能产生的现金流入，并考虑支付结算、代理和托管等业务对现金流的影响，以确保限额的合理性和适当性。

参 考 文 献

[1] 杨丽. 互联网金融模式下的农业经济与财务管理发展研究 [M]. 延吉：延边大学出版社，2020.

[2] 陈德智，毕雅丽，云娇. 金融经济与财务管理 [M]. 长春：吉林人民出版社，2020.

[3] 葛联迎，申雅琛. 金融学 [M]. 北京：北京理工大学出版社，2020.

[4] 李涛，高军. 经济管理基础 [M]. 北京：机械工业出版社，2020.

[5] 杜浩波. 新农村经济发展与分析 [M]. 北京：现代出版社，2020.

[6] 陶冶，张国胜. 金融中心论 [M]. 北京：经济日报出版社，2020.

[7] 朱晓娟. 中国金融法律制度 [M]. 北京：中国民主法制出版社，2020.

[8] 王鲁泉. 财务管理与金融创新研究 [M]. 吉林出版集团股份有限公司，2020.

[9] 胡娜. 现代企业财务管理与金融创新研究 [M]. 长春：吉林人民出版社，2020.

[10] 李国庆. 临空经济发展的法治保障 [M]. 北京：中国经济出版社，2020.

[11] 龚勇. 数字经济发展与企业变革 [M]. 北京：中国商业出版社，2020.

[12] 刘盈，姜滢，李娟. 金融贸易发展与市场经济管理 [M]. 汕头：汕头大学出版社，2021.

[13] 张景岩，于志洲，卢广斌. 现代经济发展理论与金融管理 [M]. 长春：吉林科学技术出版社，2021.

[14] 韩军喜，吴复晓，赫丛喜. 智能化财务管理与经济发展 [M]. 长春：吉林人民出版社，2021.

[15] 郭丹，李根红. 财政与金融 [M]. 北京：北京理工大学出版社，2021.

[16] 杨凯生，杨燕青，聂庆平. 中国系统性金融风险预警与防范[M]. 北京：中信出版社，2021.

[17] 龚灿，龚德良. 大数据环境下金融信息风险与安全管理研究[M]. 北京：

北京出版社；北京出版集团，2021.

[18] 严弘．金融学基础［M］．上海：上海财经大学出版社，2021.

[19] 杨红，原翠萍，李增欣．经济管理与金融发展［M］．北京：中国商业出版社，2022.

[20] 王伟，黄晓艳，于淑娟．公共管理服务与金融经济发展研究［M］．长春：吉林人民出版社，2022.

[21] 程露莹，区俏婷．宏观经济与金融风险管理研究［M］．北京：中国纺织出版社，2022.

[22] 李深静．金融投资管理与市场运营［M］．北京：中国商务出版社，2022.

[23] 彭媛，罗煌，谢淑芬．互联网金融［M］．北京：北京理工大学出版社，2022.

[24] 包屹红，曾蜜，廖宜静．金融学原理［M］．武汉：华中科技大学出版社，2022.

[25] 谢甜，赵晶，张晨必．电商经济与财务管理［M］．长春：吉林出版集团股份有限公司，2022.

[26] 李柳．数字经济理论与实践创新研究［M］．北京：中国商业出版社，2022.